Handlesekunst

Printed in the European Union BGB/1999.

ISBN 3-89815-037-2

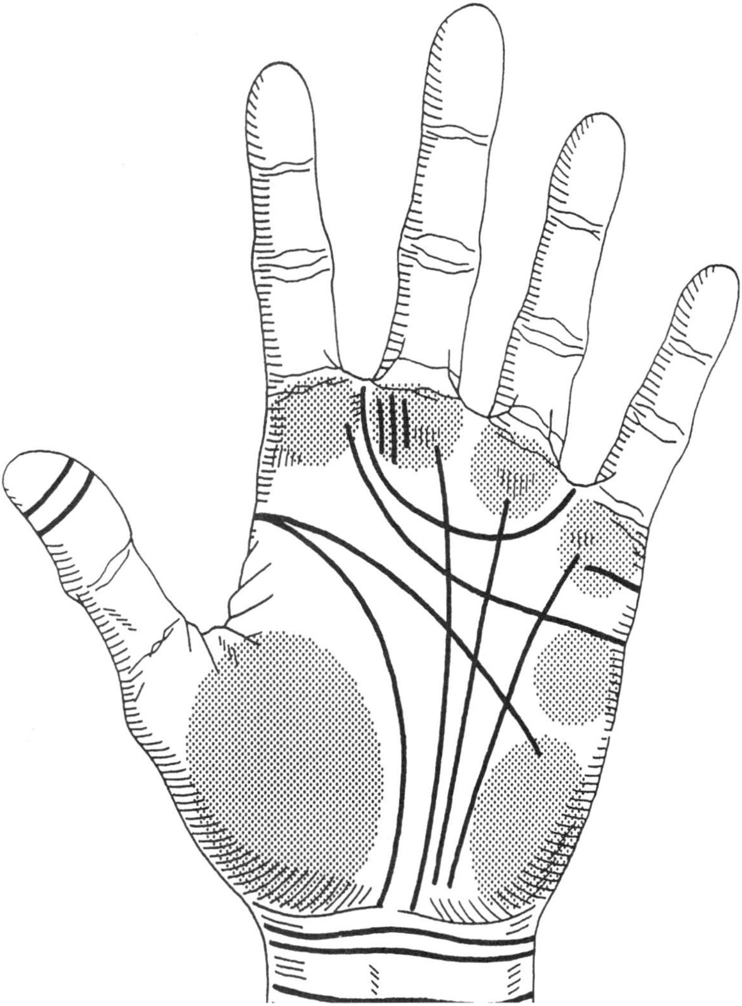

Vorwort

Die Handanalyse kann auf eine sehr lange Tradition zurückblicken. Sie ist zwar keine allgemein anerkannte Wissenschaft wie z.B. Mathematik, aber schon immer haben sich berühmte Gelehrte damit befaßt. Schon Aristoteles stellte fest: „Die Natur hat die menschliche Hand zum wichtigsten Organ und Werkzeug des menschlichen Körpers gemacht.“ Davon abgesehen, dass wir so ziemlich auf den ersten Blick an den Händen sehen können, ab ein Mensch schwere körperliche Arbeit verrichtet oder ob er mehr mit dem Kopf arbeitet, können wir nach eingehendem Studium auch feststellen, welche charakterlichen Eigenschaften und Neigungen vorhanden sind.

In jeder Geste, in jeder Bewegung der Hand, finden wir die Grundhaltung des Menschen. Aber da kein Mensch dem anderen gleicht, ist es nicht immer einfach, auf ein schlüssiges Ergebnis zu kommen. Es ist auf jeden Fall immer besser, Zurückhaltung zu üben, als voreilig zuviel zu sagen.

Als erstes werden Sie sehr wahrscheinlich Ihre eigenen Hände analysieren, um das Gelesene zu erproben. Das ist auch gut so. Sie können z.B. Hände fotokopieren und die Linien darin nachzeichnen und benennen, um Ihr Wissen zu festigen. Danach werden dann Ihre Freunde oder Ihr Partner in den Genuß einer Handanalyse kommen. Nur die Übung verhilft Ihnen zu einer gewissen Sicherheit, aber wie gesagt: Vorsicht vor zu schnellen

Aussagen, Negatives lieber nicht aussprechen, um keinen Schaden anzurichten. Dieses Buch soll Ihnen die Grundkenntnisse der Handanalyse vermitteln, aber nur jahrelanges Üben verhilft Ihnen zu einem umfassenden und gefestigten Wissen.

Sie finden am Ende dieses Buches einige Auszüge aus dem Werk: „Die Hand und ihre Geheimnisse“ von Adolphe Desbarolles, die ausgesprochen interessant sind. Adolphe Desbarolles wurde 1804 in Paris geboren und starb 1866. Als sehr junger Mensch kam er auf einer Reise durch Spanien in Kontakt mit Zigeunern, die ihm aus der Hand lasen. Von diesem Zeitpunkt an ließ ihn die Chiromantie (Handlesekunst) nicht mehr los. Sein ganzes Leben widmete er dieser Wissenschaft und wurde unter den Gelehrten seiner Zeit auch ernst genommen. Seine Lehren sind auch in der heutigen Zeit noch gültig und lesenswert für jeden, der sich mit der Handdeutung befaßt.

Die Hände

Der Händedruck

Wie viele Hände werden im Laufe eines Lebens gedrückt. Ob aus gesellschaftlichem Anlass, aus Wiedersehensfreude oder zum Abschluss eines Vertrages, der Händedruck kann sehr verschieden sein und sagt sehr viel über den Charakter eines Menschen aus.

Manchmal ist er fest, trocken und lang anhaltend, meist verbunden mit einem Blick in die Augen, andere legen ihre Hände nur zögernd und verhalten in die Hand ihres Gegenübers.

Der starke Händedruck gehört zu einem Menschen, der offen und ehrlich erscheint, der eine starke Vitalität, Zuversicht und Sicherheit ausstrahlt.

Labile Menschen haben meist einen schwachen und zögerlichen Händedruck. Ihre Körperkraft ist gemindert, ihre Gesundheit meist schwach. Sie besitzen wenig Selbstvertrauen und sind oft gleichgültig.

Die Steigerung der negativen Merkmale des schwachen Händedrucks ist der drucklose, sehr lasche Händedruck. Der Handeigner hat ein sehr geringes Selbstvertrauen, wodurch er oft unzuverlässig ist. Sein Seelenzustand ist labil. Ist die Hand über-

dies schwammig und feucht, so steht vor uns ein Mensch, der sehr unsicher ist. Mit ihm macht man besser keine Geschäfte, da seine Unsicherheit oft auch Unzuverlässigkeit nach sich zieht.

Wer kraftvoll und federnd die dargebotene Hand drückt, beweist Vertrauen und ist einer Kameradschaft nicht abgeneigt. Was er anfängt, bringt er auch zu Ende. Er ist engagiert und optimistisch.

Ein schneller und flüchtiger Händedruck zeigt wenig oder gar keine Interesse an seinem Gegenüber.

Wer jedoch die ihm dargebotene Hand zu lange hält, der versucht sein Gegenüber zu dominieren. Er strebt sowohl nach geistiger wie auch nach materieller Überlegenheit.

Eine spontan hingestreckte Hand, die nicht zu festen, sondern normalen Druck ausübt, zeigt Weltoffenheit und Interesse. Ein Mensch, der nicht nur redet, sondern auch handelt.

Wer dagegen unfrei ist und beklemmt, wird seine Hand nur zögernd reichen. Das fehlende Zutrauen in die anderen zeigt sich durch reserviertes Verhalten.

Unter Freunden jedoch wird die Hand freudig gereicht. Bei ihnen weiß man sich verstanden und kann Hilfe erwarten.

Die erzwungen dargebotene Hand ist meist die eines Kindes, das wohl oder übel den ihm nicht bekannten Onkel oder die noch nie gesehene Erbtante begrüßen muss.

Der gesellschaftliche Händedruck, wie bei Empfängen und anderen öffentlichen Anlässen, ist meist emotionslos.

Gefühlsintensität und eine Vorliebe für das bequeme Leben, erkennt man bei einer kleinen Hand mit starker Rosafärbung.

Die Temperatur der Hände

Die Hand, die man ergreift, kann warm sein oder kalt, sie kann sich trocken oder feucht anfühlen. Auch diese Eigenschaften lassen Rückschlüsse auf den Charakter eines Menschen zu.

Die kalte und trockene Hand gehört zu einem fleißigen, konzentrierten Menschen. Ausdauernd und sachlich geht er die Dinge an. Allerdings kann er auch kalt und materialistisch sein. Manchmal kommt dazu noch eine gewisse Lebensangst und die Neigung zu Pessimismus.

Eine kalte und feuchte Hand deutet auf Sensibilität und einem Bedürfnis nach Nähe, wie auch auf Hilfsbereitschaft und kreative Fantasie. Negativ zeigen sich aber auch Eigenschaften wie Pessimismus, Resignation und Schwermütigkeit.

Eine warme und trockene Hand gehört zu einem Menschen mit Leidenschaft und Lebensbejahung. Er ist selbstständig und treu. Er kann jedoch auch dominieren wollen, arrogant und zornig sein.

Agilität und eine gute Auffassungsgabe zeigen sich in einer warmen und trockenen Hand. Dieser Mensch ist vielseitig und begeisterungsfähig. Im negativen Sinne kann er aber auch allzu großen Enthusiasmus zeigen und dadurch oberflächlich und unzuverlässig sein.

Farbe und Beschaffenheit der Hände

Zur Beurteilung eines Handtypus muss auch auf die Färbung der Hände und auf die Härte, bzw. die Weichheit geachtet werden.

Eine rötliche Hautfärbung in Verbindung mit einer festen, starken Hand deutet auf Kraft und körperliche Stärke hin, aber auch auf ein heftiges Temperament, bis hin zu schroffem und rücksichtslosem Verhalten.

Eine ins Rosa tendierende Hautfärbung an einer feingliedrigen, grazilen Hand lässt auf Idealismus und künstlerische Neigungen, auf Bereitschaft zur Anpassung und intellektuellem Bestreben schließen.

Eine elastische Hand mit hellbrauner Tönung lässt auf Treue und eine gesunde Lebensfreude schließen. Diese Person besitzt Selbstvertrauen und ist optimistisch.

Eine Hand, die weich und weiß ist, deutet auf eine zarte Gesundheit. Durch eine geringes Durchsetzungsvermögen ist diese Person oft mutlos und zögerlich. Manchmal verrät sie auch künstlerische Ambitionen.

Eine gelbliche Hand lässt sehr oft auf eine Lebererkrankung oder ein Gallenleiden schließen. Diese Person ist schnell gereizt und gerät leicht in Rage. Depressionen und Melancholie sind nicht selten.

Eine feste Hand mit einer fleischfarbenen Hautfärbung gehört zu einem großzügigen, offenen Menschen, intelligent und verlässlich.

Eine harte Hand deutet auf Ausdauer und Strebsamkeit. Diese Menschen sind oft sparsam und offen. Ist die Hand jedoch zu hart, lässt das auf Sturheit und Strenge, im schlimmsten Falle auch auf einen Mangel an Gefühle und Hartherzigkeit schließen.

Um festzustellen, wie weich oder hart und wie elastisch eine Hand ist, betastet man mit dem Daumen die Innenhand und mit den Fingern gleichzeitig die Außenhand.

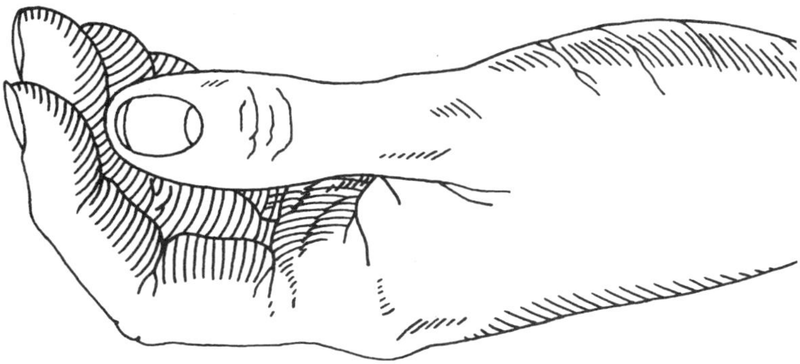

Die Beschaffenheit der Haut

Auch die Haut gibt Aufschluss über die Persönlichkeit und über die Gesundheit eines Menschen.

Wie die Haut beschaffen ist, erkennt man immer am Handrücken.

Eine bläuliche Hautfärbung deutet auf eine Kohlensäurebelastung des Blutes hin.

Es kann sein, dass das Blut nicht richtig zirkuliert. Bei extremer bläulicher Verfärbung der Haut kann eine organischer Herzfehler vorliegen.

Ein Mensch mit gräulicher Haut sollte die Darmtätigkeit anregen mit ballaststoffreichem Essen, um die Entschlackung des Körpers zu fördern.

Ist die Haut fest, lässt das auf Tatkraft und Entschlossenheit schließen.

Eine weiche Haut symbolisiert Trägheit und Unausgeglichenheit.

Ist die Haut der Hand geschmeidig, so deutet das auf seelische Ausgeglichenheit und Streben nach geistigem Wissen.

Toleranz zeigt, wer eine elastische Haut hat, die sich am Handrücken leicht hochziehen lässt.

Sehr ichbezogen und egozentrisch ist, wer eine glatte und gespannte Haut hat. Dieser Mensch gliedert sich nicht sehr gerne ein.

Feine Haut dagegen zeigt Anpassungsfähigkeit und ein intellektuell erfülltes Leben.

Wer eine grobe Haut hat, steht mit beiden Beinen auf der Erde, ist belastbar und kann sich durchsetzen.

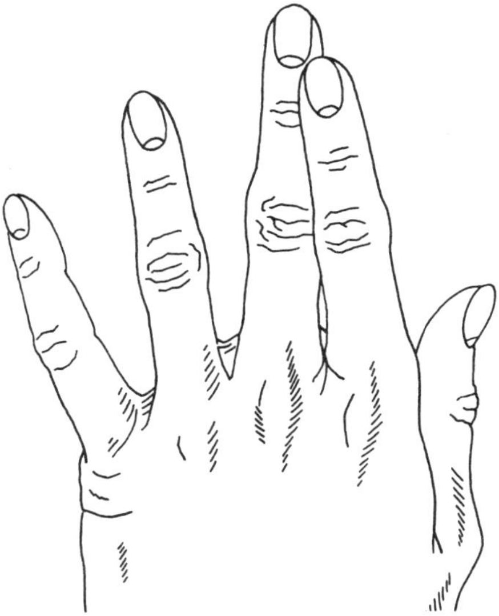

Die Linien einer Hand

Ein Mensch mit vielen Linien in seiner Hand hat schon viel in seinem Leben erlebt. Er ist sensibel und erlebt die Höhen genauso intensiv wie die Tiefen. Wenn die Innenhand bei gestreckter Hand eine tiefe Mulde oder Höhlung aufweist und viele ausgeprägte Linien hat, so verstärkt das diese Aussagen.

Dieser Mensch musste schon viel erdulden und ist oft wirklich leidgeprüft. Ständig muss er in seinem Leben kämpfen, es fällt ihm nichts in den Schoß. Allerdings kann er diese Einflüsse ausgleichen, indem er die Dinge des Lebens trotz allem nicht so schwer nimmt, etwas sanftmütiger und geduldiger wird.

Eine Hand die weniger Linien aufweist, zeigt eine seelisch robuste Art. Dieser Mensch ist durch die täglichen Prüfungen des Lebens nicht so schnell aus dem Gleichgewicht zu bringen. Er nimmt das Leben wie es kommt. Ein Mensch aber, der die Tiefen nicht so stark empfindet, erlebt auch die Höhen nicht.

Eine Mensch, dessen Hand außer den drei Hauptlinien, also Lebenslinie, Kopf- und Herzlinie, linienarm ist, wird weniger vom Schicksal beeinflusst. Oft ist er regelrecht gefühlsarm. Da er zu keinen starken Empfindungen fähig ist, kann ihn auch nichts wirklich treffen. Linienarmut und keine Höhlung der Innenhand, sondern eher mit einer Wölbung, bleiben von Schicksalsschlägen weitgehend verschont.

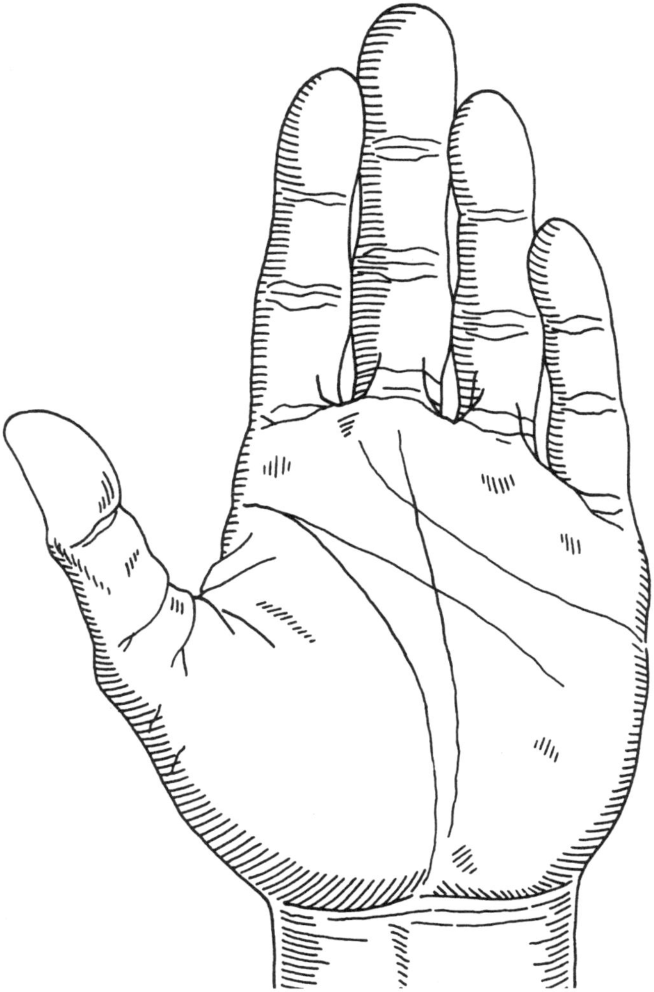

Die vier Hauptlinien

Die Behaarung der Hand

Fast jeder Handrücken ist behaart, der eine mehr, der andere weniger. Eine männliche Hand zeigt normalerweise eine stärkere Behaarung, als eine weibliche. Aber natürlich ist das individuell verschieden.

Eine normal behaarte Männerhand gehört zu einem gesunden Menschen mit Schaffenskraft und Energie. Er hat eine gesunde Lebenseinstellung und besitzt Herzensgüte.

Eine stark ausgeprägte Handbehaarung, die sich bis auf die Fingerglieder ausdehnt, weist jedoch auf eine überbändige Energie und auf eine sehr starke Leidenschaftlichkeit hin. Dieser Mann ist oft überschäumend bis hin zur Heftigkeit.

Es gibt auch Männerhände, die keine Behaarung aufweisen. Dies lässt darauf schließen, dass diese Person Eigenschaften besitzt, die eigentlich eher weiblich sind. Es kann sein, dass er zu einer leichten Lebensart tendiert verbunden mit einer Liebe zum Luxus und einer gehörige Portion Egoismus.

Frauenhände zeigen normalerweise keine Behaarung, oder höchstens einen leichten Flaum. Aber genauso wie bei nicht behaarten Männerhänden auf eine gewisse Weiblichkeit geschlossen werden kann, so kann man bei einer stark behaarten Frauenhand männliche Eigenschaften vermuten.

Bei der Analyse der Behaarung darf man auch die Haarfarbe an den Händen nicht außer acht lassen, auch sie spielt eine wichtige Rolle.

Schwarze Haare bedeuten eine impulsive und leidenschaftliche Art. Diese Menschen haben ein aufbrausendes und leicht erregbares Temperament. Oft kann man nicht voraussehen, was sie als nächstes tun werden.

Ausgeglichene, optimistische Menschen haben eine helle oder blonde Handbehaarung. Sie freuen sich des Lebens und besitzen Schaffenskraft.

Rote Haare findet man bei Personen, die sehr spontan und auch leicht erregbar sind. Ist es außerdem eine starke Hand, ist das ein Zeichen von Aggressivität und teilweise sogar von Brutalität.

Die Größe der Hand

Es gibt große Hände, kleine Hände, dicke und dünne, breite oder schmale Hände. Sie sind so unterschiedlich wie die Menschen selbst, und es ist wichtig, auch darauf näher einzugehen.

Entspricht die Länge der Hand der Länge des Gesichtes, so spricht man von einer normal großen Hand.

Eine normale Handbreite hat, wer mit beiden Händen sein Gesicht verdecken kann. Menschen mit normal großen und normal breiten Händen ordnet man dem gesunden Mittelbereich unter.

Ein Mensch mit einer großen Hand besitzt die Fähigkeit, genau und präzise zu arbeiten. Er hat großes Verständnis für technische und mechanische Zusammenhänge, da er logisch und Stück für Stück an die Dinge herangeht.

Diese Menschen findet man oft in technischen oder handwerklichen Berufen, bei denen genaues und detailtreues Arbeiten sehr wichtig sind. Auch ein Beruf im medizinischen Bereich, vielleicht Chirurg, ist möglich.

Eine kleine Hand verrät Entschlusskraft und schnelles Begreifen. Sie zögern nicht zuzupacken, wo es erforderlich ist. Ohne näher darüber nachzudenken oder gar auf Einzelheiten einzugehen, erfassen sie das Wesentliche einer Sache genau. Die breite Hand gehört einem gesunden und robusten Menschen. Er hat Freude am Arbeiten und kann sich gut durchsetzen.

Mit seinem freundlichen und unkomplizierten Wesen fällt es ihm nicht schwer, Freunde zu finden. Er interessiert sich für seine Mitmenschen.

Eine sehr schmale Hand zeigt eine anfällige Gesundheit. Dieser Mensch ist oft zaghaft und ängstlich. Seine Stärken liegen eher im intellektuellen und geistigen Bereich. Da er sich nur schwer durchsetzen kann, lebt und arbeitet er gerne zurückgezogen.

Dünne Hände verratene Unsicherheit und Seelenschwankungen, aber auch schnelle körperliche Erschöpfung.

Sämtliche Merkmale müssen zur Deutung miteinander verknüpft werden. Eine große Hand kann dick oder dünn sein, eine kleine Hand kann breit und fleischig sein.

Im Normalfall ist eine große Hand, die aber auch schmal und dick ist, nicht oft anzutreffen. Genauso wenig eine kleine, breite und dünne Hand.

Häufig dagegen findet man kleine Hände, die dick sind, und große Hände, die schmal und dünn sind.

Bei einer Hand, die scheinbar Gegensätzliches in ihrer Form aufweist, müssen immer alle Merkmale beachtet werden, um auf ein schlüssiges Ergebnis zu kommen. Die eigentlich positive Deutung einer großen Hand, kann, wenn sie gleichzeitig mager und dünn ist, gewisse gute Eigenschaften vermindern.

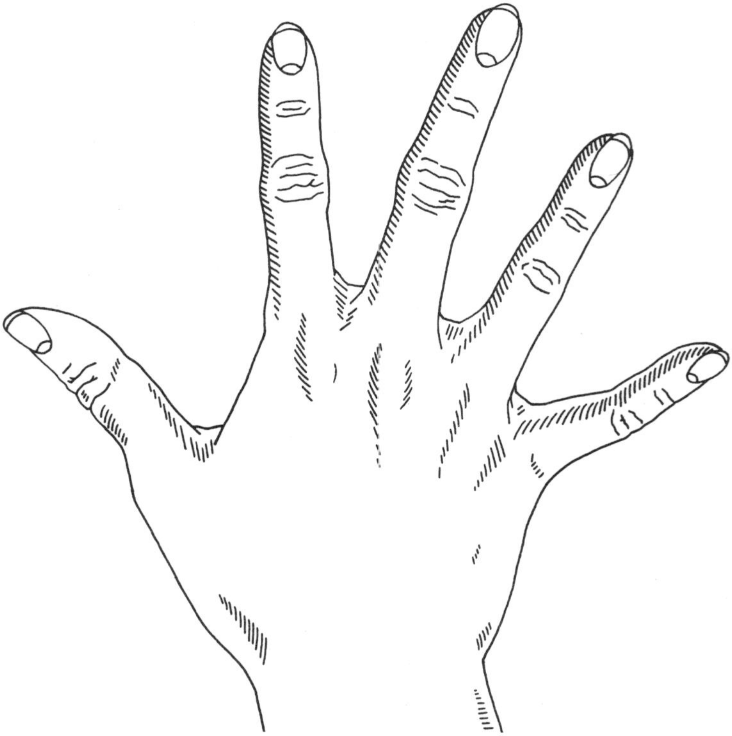

Die verschiedenen Handformen

„Zeig mir Deine Hand und ich sag Dir wer Du bist."

Leider ist das nicht ganz so einfach. Aus der Form der Hände Rückschlüsse auf den Charakter zu ziehen, ist für Anfänger sehr schwer, und auch Profis haben damit manchmal ihre Probleme.

Wir unterscheiden sieben verschiedene Handformen. Benannt sind sie nach dem astrologischen Planetensystem.

Außerdem gibt gibt es noch die sogenannte Mischhand, die verschiedene Merkmale aufweist.

– die Sonnenhand

– die Mondhand

– die Venushand

– die Marshand

– die Merkurhand

– die Jupiterhand

–die Saturnhand

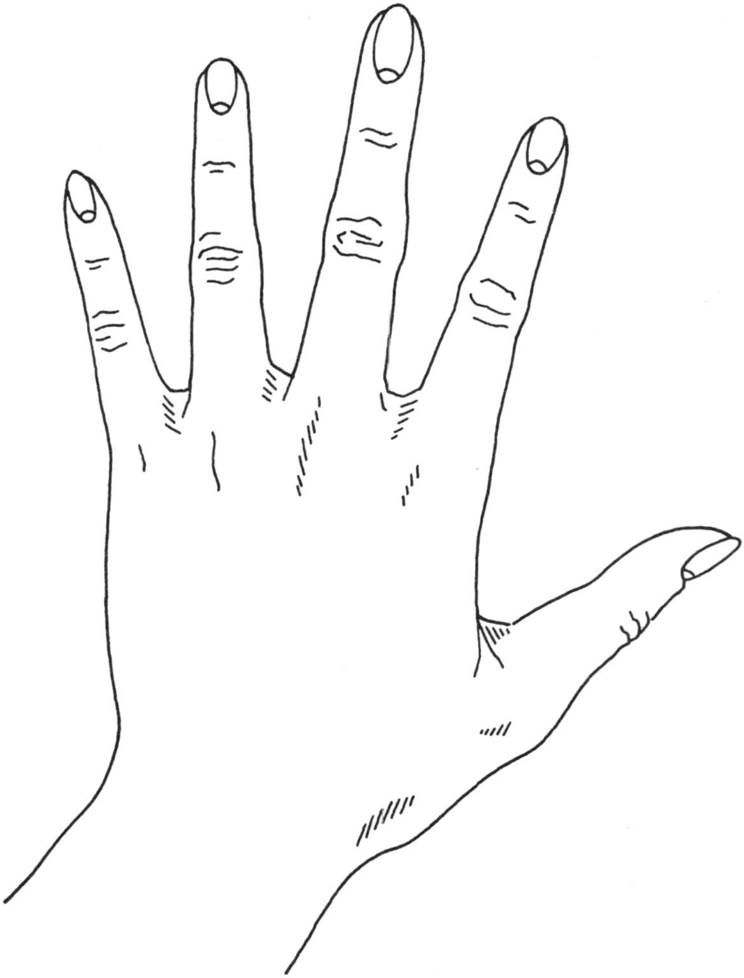

Sonnenhand

Die Sonnenhand

Sie gilt als die ausgeglichenste unter allen Handtypen. Vom Handrücken bis zu den Fingerspitzen verläuft sie leicht konisch, ohne besonders spitz oder schmal zu wirken. Sie hat eine schöne Symmetrie mit einer angenehmen Formgebung.

Diese Menschen zeichnen sich durch einen ausgeglichenen und harmonischen Charakter aus. Sie besitzen Willenskraft, Schönheitssinn und sind gerne unter Menschen.

Das Leben nehmen sie von der positiven Seite, sie glauben immer an das Gute im Menschen und erleben dadurch natürlich auch öfters Enttäuschungen. Sehr oft sind solche Hände bei Malern und Dichtern zu finden.

Im negativen Bereich lieben sie die Abwechslung und spielen in der Liebe gerne Bäumchen wechsle dich. Eintönigkeit mögen sie nicht, und daher sind sie für ein regelmäßiges Leben nicht so recht geschaffen.

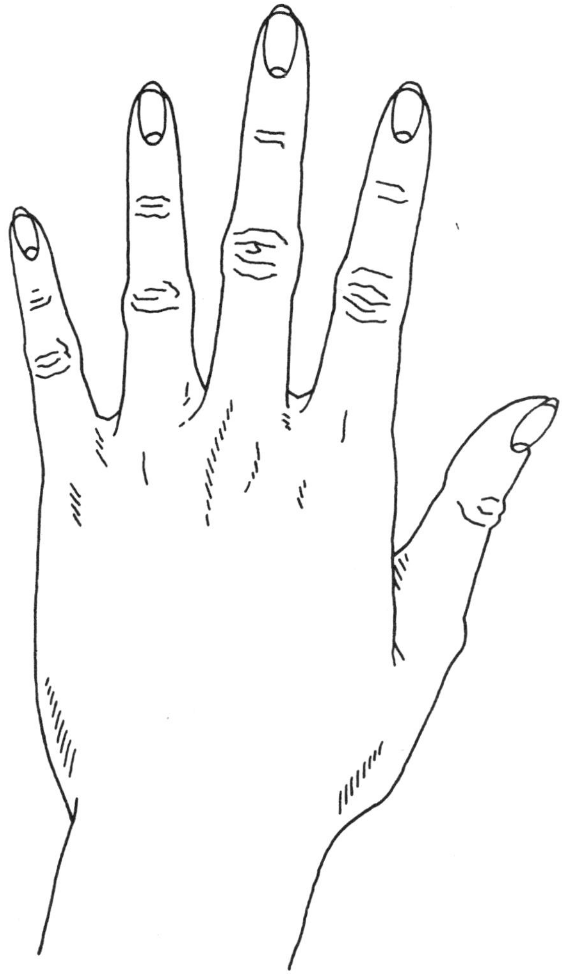

Mondhand

Die Mondhand

Diese Handform ähnelt in vielem der Sonnenhand, ist jedoch blasser und wirkt gestreckter. Sie vermittelt weniger Vitalität und gehört oft zu einem Menschen, der leicht kränkelt.

Den täglichen Anforderungen des Lebens steht er oft hilflos gegenüber, unfähig eine Entscheidung zu treffen oder gar tatkräftig zu werden.

Andere sollen sich darum kümmern und auch am besten für ihn arbeiten, damit er während dieser Zeit wichtigere Dinge erledigen kann; zum Beispiel Luftschlösser bauen.

Oft wohnt er im Wolkenkuckucksheim und pflegt seine wechselhaften Gefühle.

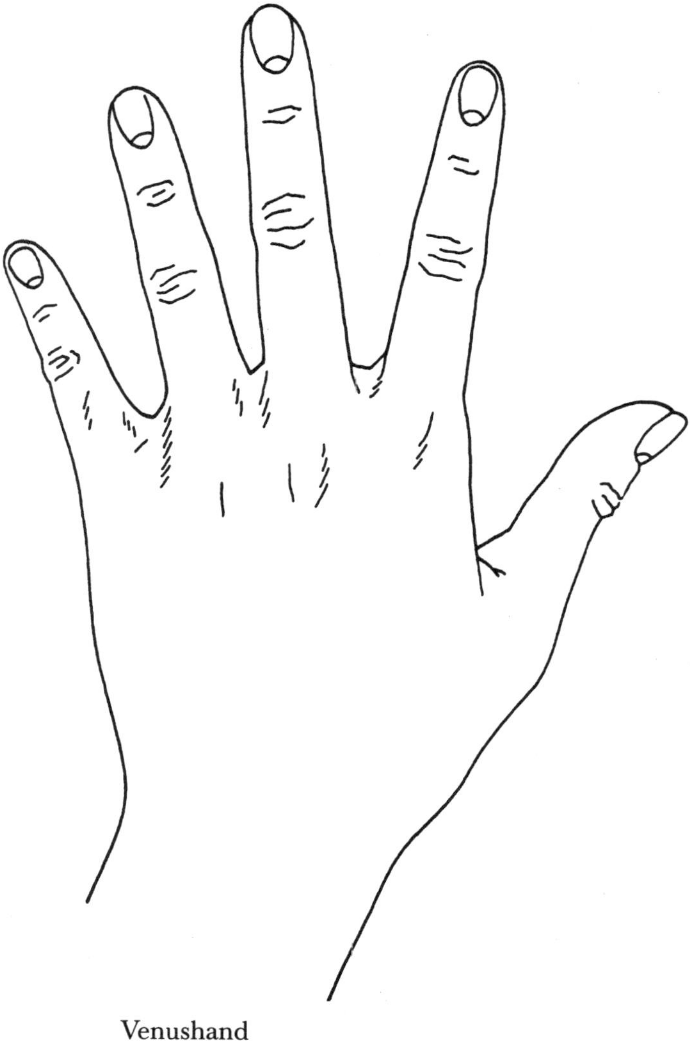

Venushand

Die Venushand

Diese Handform ist eigentlich ausschließlich bei Frauen zu finden. Die Hand ist klein, manchmal etwas rundlich.

Sie kann weiß sein oder aber rosig gefärbt. Diese Person besitzt eine Lebensfreude, die ansteckend wirkt.

Sie kann ganz offen auf andere Menschen zugehen. Sie ist vollkommen unkompliziert und nimmt das Leben am liebsten von seiner besten Seite.

Sie ist von Kopf bis Fuß auf Liebe eingestellt, ja das ist ihre Welt . . .

Deswegen sagt man ihr allerdings auch nach, dass sie es mit der Treue nicht besonders genau nimmt. Frauen mit Venushänden lieben die Gesellschaft und mögen es gar nicht, allein zu sein. Sie brauchen die Bewunderung - und das in jedem Bereich.

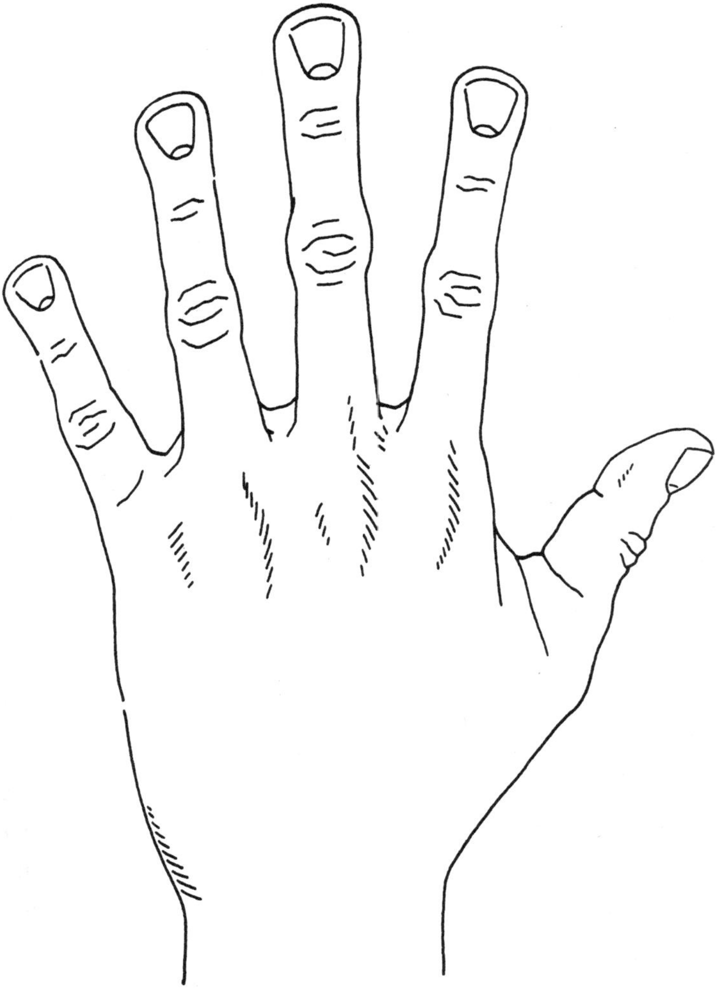

Merkurhand

Die Merkurhand

Diese Handform wird auch Spatelhand genannt, da die Fingerspitzen spatelförmig auslaufen, also breiter sind als das erste Fingerglied.

Sie ist eher breit als lang und wirkt schaufelförmig. Allerdings können diese Merkmale auch weniger oder kaum ausgeprägt sein. Aber wo immer man diese Form antrifft, lässt sie auf ein ausgeprägtes Selbstbewusstsein schließen.

Diese Menschen gelten als fleißig, strebsam und unternehmungslustig, ohne sich von ihren Gefühlen hinreißen zu lassen. Sie sind geschickt und lebenstüchtig. Alles Monumentale beeindruckt sie, für Zierliches und Feines fehlt ihnen der Sinn.

Sie brauchen große Ziele. Für Romantik und ähnlichen Schnickschnack ist kein Raum vorhanden, dafür haben sie zu wenig Fantasie. Dadurch sind sie in der Liebe eher nüchtern.

Sie lassen sich fast ausschließlich von wirtschaftlichen Aspekten leiten. Musische Bereiche, oder gar Philosophie ist nichts für diese Menschen, aber man findet sie oft unter Leistungssportlern oder Wissenschaftlern, da sie ihre Kenntnisse und ihr Wissen exakt in die Praxis umsetzen können.

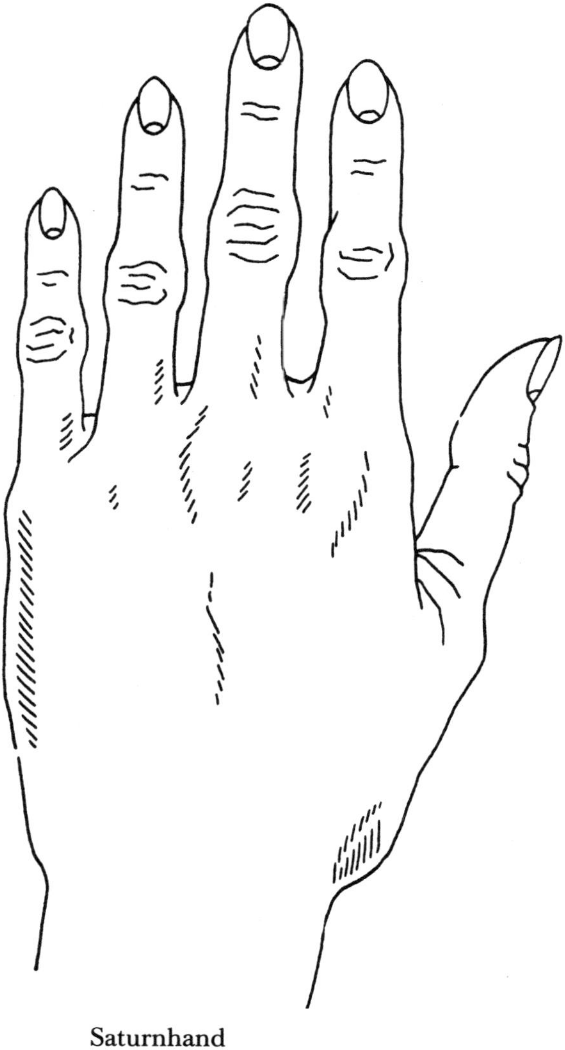

Saturnhand

Die Saturnhand

Diese Hand erkennt man an der mittellangen bis langen Form. Sehr oft ist sie blass.

An den Fingerknöcheln kann man eine weniger bis starke Knotenbildung feststellen.

Menschen mit dieser Handform sind oft pessimistisch bis hin zu regelrechter Schwarzseherei.

Wenn Sie darauf achten, werden Sie feststellen, dass Ihnen eine solche Hand nur zögernd und ungern gereicht wird.

Der Träger einer solchen Hand ist besonders misstrauisch und hat meist nur wenig Freunde.

Da er sehr ehrgeizig ist, strebt er höheren Zielen entgegen, die er aber oft nicht erreicht oder nur unter Aufbietung all seiner Kräfte.

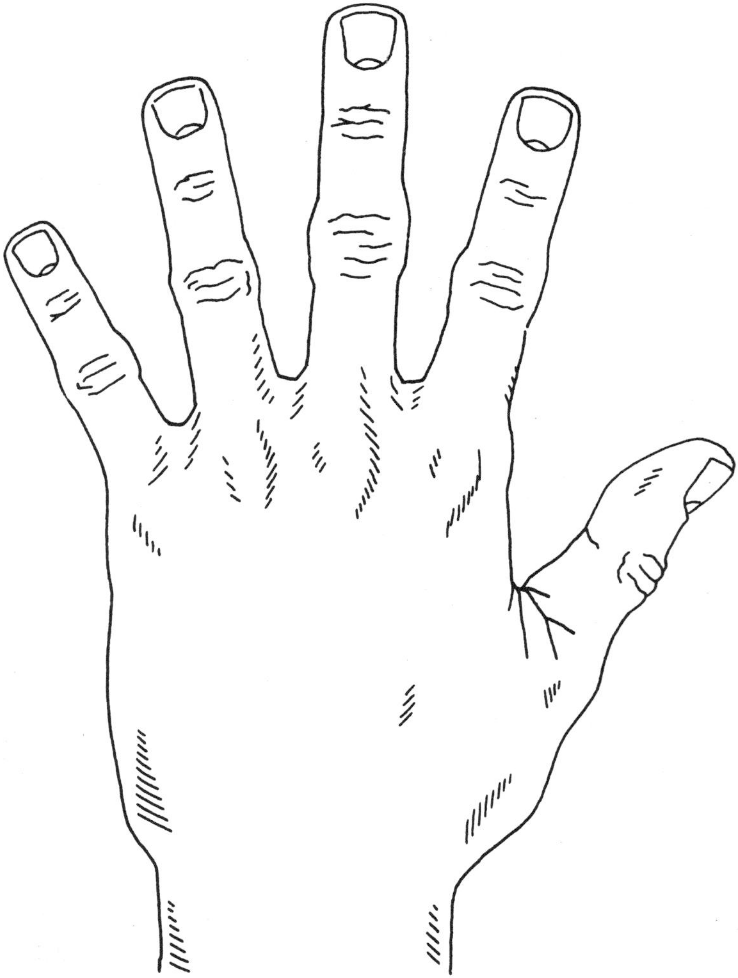

Marshand

Die Marshand

Diese Handform besitzt eckige Finger und ist vom Handansatz bis zu den Fingeransätzen gleich breit.

Man nennt sie auch die eckige Hand, obwohl sie in ihrer Gesamtform durchaus einen edlen Eindruck machen kann. Ein Mensch mit dieser Hand gilt als gewissenhaft und pflichtbewusst. Das Streben nach Ordnung ist für ihn selbstverständlich.

Er kann außerordentlich kühn und energisch sein. Zur Erlangung eines Zieles kümmern ihn Hindernisse reichlich wenig. Im Gegenteil, er scheint sie fast zu brauchen.

Einem Streit geht er nie aus dem Wege, das ist sein tägliches Lebenselixier. Geht etwas nicht ganz so wie er es will, kann er leicht aufbrausend werden.

Aber letztendlich erreicht er fast immer das von ihm angestrebte. Darauf ist er auch stolz. Da er sehr stark in der Tradition verhaftet ist, hat er oft eine Tendenz zu politischen Wissenschaften oder Lehrtätigkeiten.

Im extremen Fall kann er sehr eigensinnig und kleinlich sein. Seine Pedanterie und Herrschsucht bringen jeden auf die Palme. Er ist sehr konservativ und ändert ungern die gängigen Ordnungsformen.

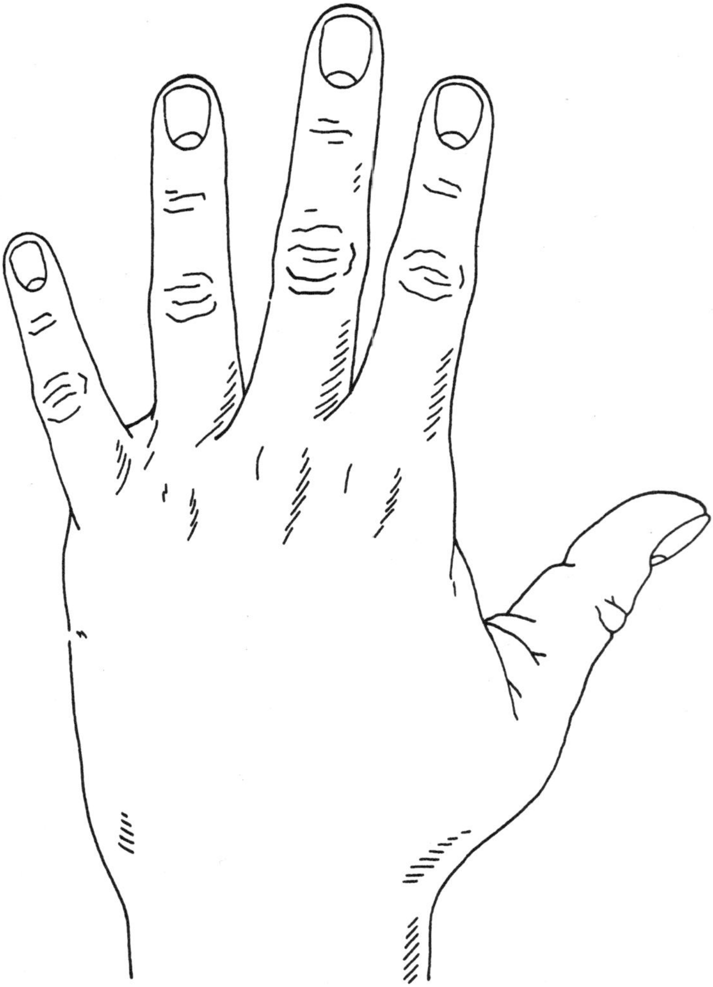

Jupiterhand

Die Jupiterhand

Eine derbe, primitive und große Form ist typisch für die Jupiterhand. Häufig weist sie eine starke rötliche Färbung auf.

Die Finger sind meist rundlich, der Gesamteindruck grundehrlich. Und das ist dieser Mensch auch.

Er ist völlig unkompliziert, da die Dinge nimmt wie sie kommen. Besitzt er Geld, dann gibt er es am liebsten im Kreise seiner Freunde aus; hat er keines, so lebt er in bescheiden Verhältnissen ohne große Ansprüche.

Er wird sich deswegen aber nicht bedauern, er wartet einfach auf bessere Zeiten. Unzufriedenheit ist ein Fremdwort für ihn.

Er macht einfach aus allem das Beste. Einen besseren Freund kann man sich eigentlich nicht wünschen.

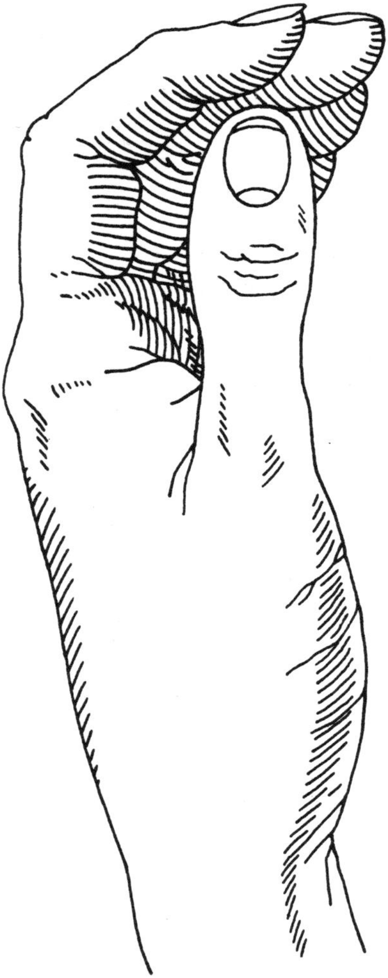

Die gemischte Hand

Wahrscheinlich schauen Sie jetzt Ihre Hände an und stellen fest, dass bei Ihnen von allen Handformen ein wenig zu finden ist. Gut so, dann sind Sie nämlich ein Normaltyp.

Die meisten Menschen haben Hände, die sich aus den verschiedenen sogenannten reinen Formen zusammensetzen.

Eine Mischung der verschiedenen Merkmal ist sogar positiv, da sie auf vielseitige Kenntnisse und Apassungsfähigkeit schließen lässt. Genauso verhält es sich mit dem Charakter.

Auch da gibt es die absolut reine Form eines Types eher selten. Wichtig bei der Bestimmung der Hand ist, herauszufinden, welche Form am meisten hervorherrscht.

Außerdem wichtig ist die Beschaffenheit der Haut, und auch die Finger spielen eine nicht zu kleine Rolle bei der Bestimmung.

Nur bei Betachtung aller Merkmale lässt sich eine schlüssige Diagnose stellen.

M

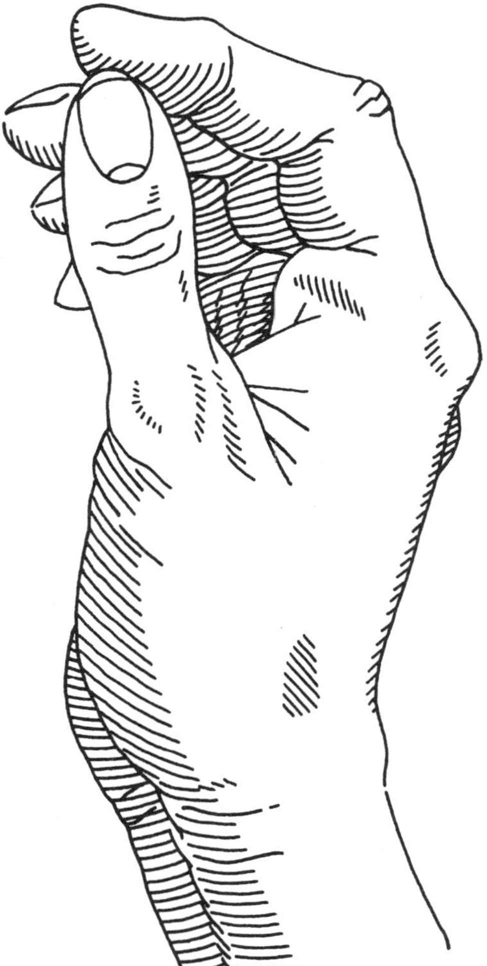

Die rechte Hand und die linke Hand

Mit der rechten Hand tut man Dinge, sie ist die Hand der Tat, sie verkörpert den aktiven Teil, sofern man Rechtshänder ist, was überwiegend zutrifft. Die Rechte Hand holt aus zum Schlag, sie hält das Schwert - die linke Hand den Schild.

Die rechte Hand gibt Aufschluss über den Erbteil des Vaters - die linke über den der Mutter. In der linken Hand liegen die verschiedenen Fähigkeiten, Talente, alles was man an Vererbungen und Gaben mit in das irdische Leben bekommen hat. In der rechten zeigen sich die Möglichkeiten, diese Gaben zu realisieren, all das zu verwirklichen.

Die linke Hand zeigt die noch verborgenen Anlagen und Möglichkeiten - die rechte Hand will tatkräftig werden. In der linken Hand zeigen sich die dem weiblichen Geschlecht zugeordnete Eigenschaften, wie Seelentiefe und Sanftmut - in der rechten liegt der maskuline Teil, wie Kampfeslust und die Kraft, das Leben zu bewältigen.

Die Handlesekunst, fachmännisch ausgedrückt die Chirologie oder Chiromantie, bezieht sich wie die Astrologie auf die Planeten. Die linke Hand bezieht sich auf die erste Lebenshälfte - die rechte Hand steht für die zweite Lebenshälfte. Der Saturn braucht etwa zweieinhalb Jahre, um ein Tierkreiszeichen zu durchlaufen. Da es zwölf Tierkreiszeichen gibt, kehrt er also nach ca. achtundzwanzig bis dreißig Jahren an seinen Ausgangspunkt zurück, den er bei der Geburt eines Menschen belegt hatte. Ist er wieder in dieser Position, also in der der Geburt, hat er einen besonders starken Einfluss auf diesen Menschen.

Die erste Lebenshälfte, die in der linken Hand liegt, ist dann beendet. Nun leitet er über in die zweite, die reifere Lebenshälfte, also die rechte Hand. Diese Periode findet dann Ende fünfzig ihren Abschluss.

Für die Schicksalseinwirkungen im Leben eines Menschen ist fast ausschließlich der Planet Saturn verantwortlich. Man könnte auch sagen, er ist das Schicksal schlechthin. Er ist verantwortlich für Aufstieg und Fall, für Gesundheit oder Krankheit, für ein langes Leben und für den frühzeitigen Tod.

Alles liegt in seiner Macht. Er entscheidet über Reichtum und Armut, über Gelingen oder Nichtgelingen.

Wen wundert's da noch, dass meistens einschneidende Entscheidungen und Veränderungen im Alter von Ende zwanzig bis Anfang dreißig stattfinden, also beim Wechsel von der linken Hand zur rechten.

Und auch im Alter von sechsundfünfzig bis sechzig Jahren finden oft nochmals schwere Umbrüche im Leben eines Menschen statt.

In der ersten Lebenshälfte baut man auf, macht Karriere, es wird vielleicht geheiratet, Kinder kommen. Im negativen Fall gelingt es nicht so, wie man es sich vorgestellt hat.

Der berufliche Aufstieg ist verpasst, die Beziehung geht schief, der gewünschte Kindersegen stellt sich nicht ein. Es ist eine Abnabelung von den Eltern und die Entwicklung zur Selbständigkeit.

Erneute Lebensumstellungen treten wieder mit dem sechsundfünfzigsten bis sechzigsten Lebensjahr auf. Das Schicksal ändert sich nochmal.

Danach sind die Entsprechungen der rechten Hand nicht immer gültig. Die zweite Phase ist durchlaufen.

Beruflich ist alles abgeschlossen, die Gesundheit und die Lebenskraft lässt nach, es beginnt eine Zeit der Trennungen und des Abschiednehmens. Freunde sterben, vielleicht der Ehepartner, man steht am Grab von Verwandten und Bekannten. Auch von manchen gehegten Träumen wird man sich verabschieden. Man hat aber auch die Möglichkeit, und das ist die positive Einwirkung des Saturns, aus den gesamten Lebenserfahrungen Kraft zu schöpfen und sein Leben neu zu gestalten.

Nun kommen wir zurück zur rechten und zur linken Hand. Wie schon gesagt, in der linken Hand liegen die seelischen und geistigen Möglichkeiten, ob positiv oder negativ, die die rechte Hand verwirklichen kann.

Deshalb sind die Linien der linken Hand tiefer und ausgeprägter als die der rechten. Was in der linken Hand zu sehen ist, kann die rechte Hand realisieren.

Ist die Linienführung der rechten Hand nur spärlich, wurden wenig der Möglichkeiten in die Tat umgesetzt. Es kann aber auch vorkommen, besonders bei geistig schaffenden Menschen, dass die rechte Hand Dinge verwirklicht, die in der linken nicht zu sehen waren und sich erst dann zeigen, wenn sie Wirklichkeit geworden sind.

Es kann auch vorkommen, dass Linien der linken Hand vergehen, wenn diese vorhandenen Möglichkeiten oder Begabungen nicht genutzt wurden.

Alles im Leben unterliegt ständiger Veränderung, das Leben gleicht einem Fluss.

Es liegt in der Erkenntnisfähigkeit des einzelnen, in seinem charakterlichen Bestreben, seinen Weg im Leben zu finden, im Possiven wie im Negativen.

Diese Erklärungen zur rechten und zur linken Hand beziehen sich ausschließlich auf Rechtshänder männlichen Geschlechts.

Ist ein Mann Linkshänder, so ist die linke die aktive Hand und die rechte die passive.

Bei Frauen ist es wiederum anders, da hier das weibliche Prinzip zu Grunde liegt. Bei einer rechtshändigen Frau ist die linke Hand die aktive.

In dieser Hand liegt die seelische Größe, die Fähigkeit zur Liebe, die Fähigkeit zur Hingabe, die künstlerischen Neigungen, alles weibliche Attribute.

Bei linkshändigen Frauen ist die rechte Hand die aktive Hand. Diese Frauen zeigen oft ein maskulines Bestreben bei der Bewältigung der Lebensaufgaben.

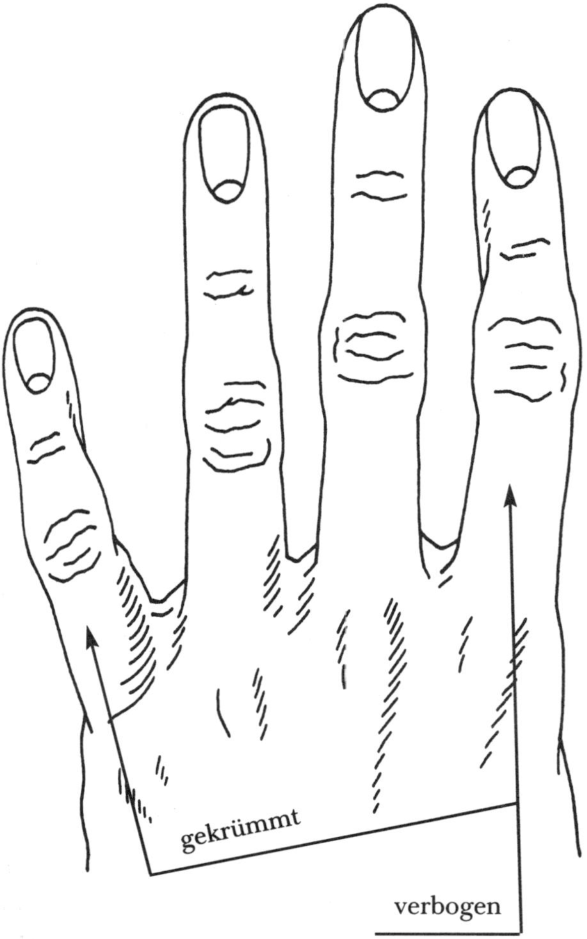

Gekrümmte Finger

Finger

Die Sprache der Finger

Viele bedeutende Handleser messen der Deutung der Finger genauso viel Beachtung bei, wie der der Handlinien. Finger können genau wie Hände sehr unterschiedlich sein. Es gibt gekrümmte und gerade Finger, lange und kurze, dicke und dünne.

Gekrümmte Finger können sich seitlich zu den anderen Fingern hin biegen, sie können sich aber auch zum Innenhandbereich krümmen.

Gebogene Finger können die Tendenz nach oben, also zur Außenhand hin haben oder nach unten zur Innenhand.

Bei geraden Fingern schließt man auch auf Geradlinigkeit der Person. Sie deuten auf Ausgeglichenheit und Gerechtigkeitsempfinden. Vorhandene Talente und Fähigkeiten können verwirklicht werden.

Eine Krümmung der Finger bedeutet Einschränkungen und Verhinderungen in der Daseinsentsprechung. Die Krümmung zum Innenhandbereich weist auf Sparsamkeit, Geiz und Habgier. Dieser Mensch ist verschlossen und egoistisch. Sind die Finger seitwärts gekrümmt, so bedeutet das Ungeradheit in den charak-

terlichen Veranlagungen und im Lebensablauf. Die seitliche Verbiegung, oder Verkrümmung bezieht sich immer auf den oder die Finger, die dieses Merkmal aufweisen.

Im Falle des Zeigefingers, auch Jupiterfinger genannt, liegen die Unterschiede in den Bereichen, den der Jupiterfinger versinnbildlicht. Er steht für Ehrlichkeit und Rechtschaffenheit, für die soziale Stellung in der Gesellschaft, für Hilfsbereitschaft, aber auch für Autorität, Verlangen nach Macht und Streben nach Ruhm und Auszeichnungen.

Die negativen Auswirkungen zeigen sich in der Krümmung dieses Fingers. Dieser Mensch wird in der Gesellschaft wenig gute Erfahrungen machen und schafft es auch nicht, es von sich aus zu ändern. Er ist unsicher, sein Selbstvertrauen gemindert. Er hat Probleme bei der Bewältigung des täglichen Lebens.

Ist der gekrümmte Jupiterfinger (Zeigefinger) im Verhältnis zum Ringfinger sehr lang oder sogar länger, so ist dieser Mensch gierig nach Macht, oft ein Angeber. Da er sich selbst überschätzt, glaubt er Anspruch auf die absolute Autorität zu haben.

Bei zu kleinem Jupiterfinger lässt sich auf Bigotterie und Machtlosigkeit schließen.

Der Mittelfinger, auch Saturnfinger, steht für das Verhalten gegenüber Pflichten, Verantwortungen und Leistungen, auch für

die eigene Verwirklichung. Bei normaler Länge des Saturnfingers überragt er den Zeigefinger und den Ringfinger um die Hälfte des oberen Fingergliedes. In diesem Falle deutet das auf Verantwortungsgefühl und Pflichterfüllung. Dieser Mensch hat Ausdauer, ist zuverlässig und fleißig, er strebt mit Zähigkeit sein Ziel an, kann sich gut konzentrieren, er kann wirtschaftlich gut haushalten und steht mit beiden Beinen fest auf dem Boden.

Ist der Saturnfinger bei normaler Länge gekrümmt oder gebogen, kann man davon ausgehen, dass diese Person nicht immer bei der Sache bleibt. Mal hat sie Ausdauer, mal nicht, mal will sie das Ziel erreichen, dann auch wieder nicht. Dieses Wechselbad der Gefühle erschwert das tägliche Leben.

Ist der Saturnfinger überlang und gebogen oder gekrümmt, so deutet das auf einen übersteigernden Drang nach Leistung, die Pflichten werden zwar sehr ernst genommen, sind aber stark belastend. Dieser Mensch kommt leicht ins Grübeln, ist oft schwermütig und dadurch auch sehr oft einsam.

Bei zu kurzem Saturnfinger kann man auf das Fehlen von Verantwortung, auf eine nicht gleichbleibende oder sogar mangelnde Leistung schließen, was für diesen Menschen oft einen sozialen Abstieg bedeutet.

Den Ringfinger nennt man auch Venusfinger. Er gibt Auskunft über die Verwirklichung des Menschen in künstlerischer und ideeller Richtung, über Harmonie und die Freude am Leben. Er vermittelt den Wunsch nach geistiger Freiheit. Außerdem gibt er auch Aufschluss darüber, wie man zu seinen Mitmenschen steht.

Bei gekrümmtem oder gebogenem Venusfinger bei normaler Länge, kann man davon ausgehen, dass die Eigenschaften, wofür dieser Finger steht, vermindert oder geschwächt sind.

In diesen vorbezeichneten Bereichen gibt es oft Schwierigkeiten. Die Begabungen und Talente können sich sehr oft nicht richtig entwickeln oder nur mit Hindernissen und Verzögerungen.

Die Überlänge des gekrümmten Venusfingers verstärkt diesen negativen Einfluss noch mehr. Was normalerweise Lebensfreude bedeutet, wandelt sich hier zur gesteigerten Genusssucht, zur Gier nach immer mehr.

In einer Partnerschaft ist dieser Mensch besitzergreifend. Er zeigt ein ichbezogenes Verhalten. Sein Sinn für Schönheit und Kunst geht ins Prahlerische. Er gibt gerne damit an.

Ein Venusfinger, kurz und gekrümmt, bedeutet, dass der Handeigner zur Untreue neigt, gerne mit anderen flirtet und der eigenen Partnerschaft nicht genügend Bedeutung beimisst. Er strebt nicht nach einem harmonischen Zusammensein. Sein Sinn für Schönheit geht ins Kitschige.

Als Merkurfinger bezeichnet man den kleinen Finger. Er symbolisiert die Beziehung zur Umwelt, steht für Kommunikationsfreude und für gute Ausdrucksfähigkeiten aus rhetorischer Sicht. Dieser Mensch wird durch seinen geschäftlichen Fleiß materielle Werte erlangen.

Eine normale Länge bedeutet, dass das obere Glied des Merkurfingers den Ansatzpunkt des oberen Gliedes des Venusfingers etwas überragt.

Auch hier negiert eine Krümmung oder Verbiegung die eigentlichen Aussagen.

Das Talent für das Finanzielle und Geschäftliche erfährt Abstriche, die Begabung der Ausdrucksfähigkeit ist vermindert und das diplomatische Geschick lässt zu wünschen übrig.

Wenn der gekrümmte Merkurfinger zu lang ist, so kann man davon ausgehen, dass der Handeigner im geschäftlichen Bereich gerissen ist und auch mit unsauberen Praktiken arbeitet, um sein Ziel zu erlangen.

Ist der gekrümmte oder gebogene Merkurfinger zu kurz, zeigt er uns, dass dieser Mensch auch vor List und Tücke in der Abwicklung eines Geschäftes nicht zurückschreckt.

Er tendiert zu Lug und Betrug.

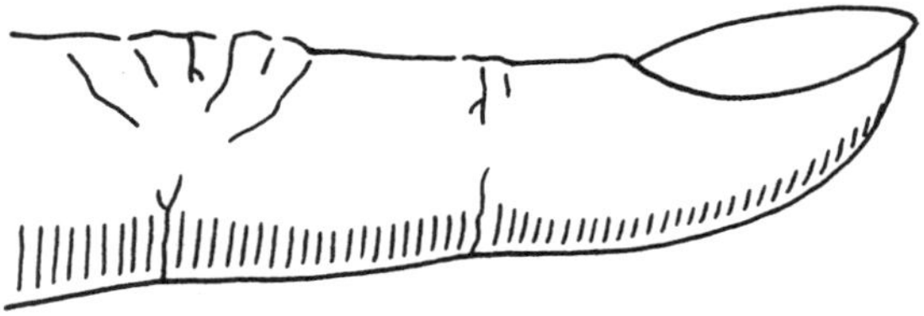

Fingerbiegung nach oben

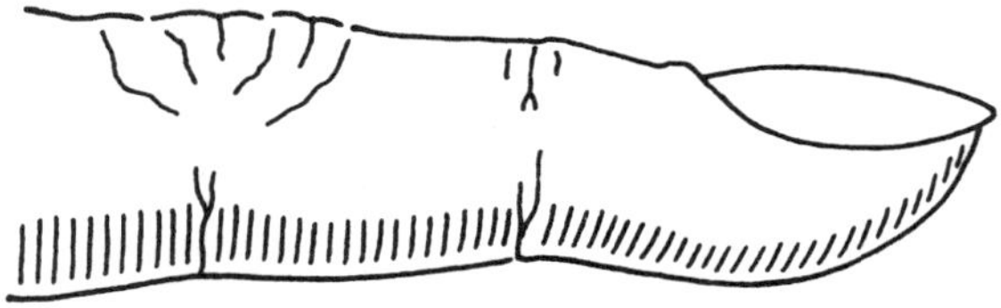

Fingerbiegung nach unten

Die Fingerbiegung

Nach oben gebogene Finger deuten auf Feingefühl und auf Bereitschaft zur Anpassung. Der Handeigner ist freigebig bis hin zur Verschwendungssucht. Möglicherweise hat er einen Hang zum luxuriösen Leben.

Sind die Finger nach unten, also zur Handinnenfläche hin gebogen, so kann man von diesem Menschen sagen, dass er vorsichtig und sparsam ist. Er hat ein sehr zurückhaltendes Wesen, Spontaneität ist ein Fremdwort für ihn. Er ist selbstgenügsam.

Die Länge der Finger

Man ermittelt die Länge der Finger im Verhältnis zur der Länge der Innenhand. Normalerweise ist der Innenhandrumpf um etwa einen Zentimeter länger als die Finger. Diese Messung wird am Saturnfinger vorgenommen.

Menschen mit kurzen Fingern handeln spontan und impulsiv. Sie erkennen schnell die wesentlichen Zusammenhänge einer Sache. Sie zeichnen sich durch eine optimistische Weltanschauung und durch Großzügigkeit aus. Im Negativbereich sind sie neugierig, reden zu viel und unüberlegt und sind übereilig in ihren Handlungen.

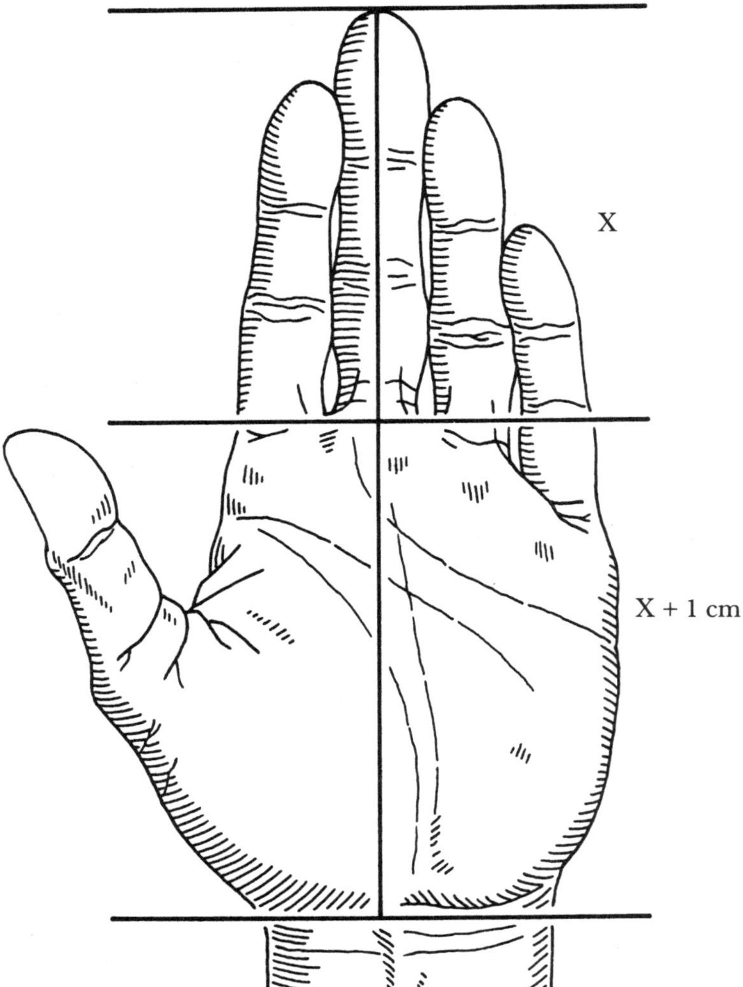

Längenverhältnis Saturnfinger/Innenhandrumpf

Menschen mit langen Finger wollen alles zerlegen und analysieren. Vorsichtig und mit viel Methode gehen sie die Dinge an.

Es kann passieren, dass sie zu keinem Ende kommen, da sie sich in Einzelheiten verlieren.

Da sie sehr starke Empfindungen haben, kann es vorkommen, dass der Optimismus verloren geht und sie dann unzufrieden und niedergeschlagen sind.

Die normale Fingerlänge ist ideal, da die Eigenschaften sehr ausgewogen sind.

Dieser Mensch zeichnet sich aus durch Entschlusskraft und kann sich den Gegebenheiten sehr gut anpassen.

Er erfasst die großen Zusammenhänge, ohne die Einzelheiten aus den Augen zu verlieren.

Er hat eine rasche Auffassungsgabe und geht die Dinge optimistisch und mit Elan an.

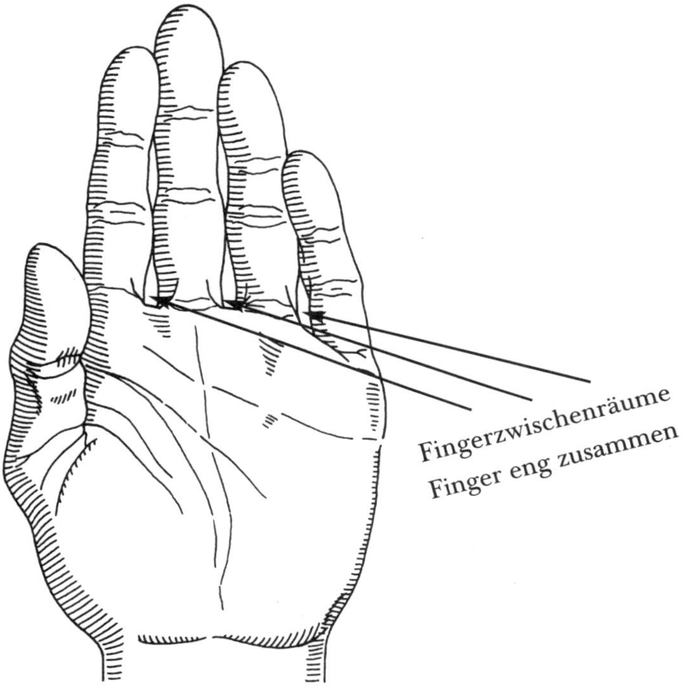

Die Zwischenräume der Finger

Es gibt zweierlei Fingerzwischenräume. Manche Menschen haben, auch wenn sie die Finger eng zusammenhalten, schmale Zwischenräume zwischen den einzelnen Fingern. Hält man die Hand gegen das Licht, lassen sich auch die kleinsten Zwischenräume erkennen. Die andere Form ergibt sich, wenn die Hand ganz zwanglos geöffnet, flach auf den Tisch gelegt wird.

Bei der ersten Form, natürlich unter Berücksichtigung der sonstigen Fingermerkmale und deren Aussagen, sagt man dem Handeigner Übermaß in verschiedenen Bereichen nach. Es kann sich um Verschwendungssucht, sowohl im materiellen wie auch im gefühlsmäßigen Bereich handeln. Auch nach geistiger Nahrung hat er ein übermäßiges Bedürfnis.

Die zweite Form kann die Aussagen über den Charakter entweder schwächen oder stärken. Der Saturnfinger (Mittelfinger) hat dabei die entscheidende Rolle. Bei geöffneter Hand, ist der Saturnfinger der ruhende Pol. Ob die Finger sehr stark oder nur wenig gespreizt werden können, der Saturnfinger bestimmt die Aussagen über das Schicksal des Handeigners.

Ein Mensch, der seine Finger nur wenig spreizen kann, ist vorsichtig, mitunter auch ängstlich. Sein Freiheitsdrang, sein Bestreben nach Unabhängigkeit ist dadurch stark vermindert oder auch gar nicht vorhanden.

Zeigt die gespreizte Hand einen großen Abstand vom Zeigefinger (Jupiterfinger) zum Mittelfinger (Saturnfinger), so können die Wesensentsprechungen großzügiger ausgelegt werden. Der Handeigner ist frei und unabhängig.

Von Konventionen hält er nichts. Ist der Zwischenraum von Jupiterfinger zum Mittelfinger bei geöffneter Hand nur gering, so kehrt sich das oben genannte ins Gegenteil um.

Die Zwischenräume bei zusammengehaltenen Fingern geben Auskunft über die charakterlichen Veranlagungen im sittlichen und moralischen Bereich.

Ist der Abstand von Saturnfinger zum Venusfinger (Ringfinger) zu extrem, so ist es möglich, dass die charakterlichen Merkmale des Venusfingers verstärkt werden, insbesondere das Streben nach Freiheit in einer Beziehung.

Normalerweise ist der Abstand vom Saturn- zum Venusfinger etwas verringert.

In diesem Falle bleiben die Merkmale des Ringfingers, wie Idealismus und Lebensfreude, Optimismus und ein ausgewogenes Harmoniebestreben, unverändert in ihrer Aussagekraft.

Ein zu kleiner Abstand hat Einfluss auf die seelische Ausgeglichenheit des Handeigners.

Ein vergrößerter Abstand zwischen Venus- und Merkurfinger (kleiner Finger) deutet auf einen Drang nach Unabhängigkeit und Wissbegier. Dieser Mensch braucht viel Freiheit.

Liegen diese Finger eng beieinander, so ist das Bestreben nach Freiheit und Wissen stark vermindert. Wir haben es mit einem Menschen zu tun, der sich gerne bindet, um aus dieser Bindung Sicherheit zu beziehen.

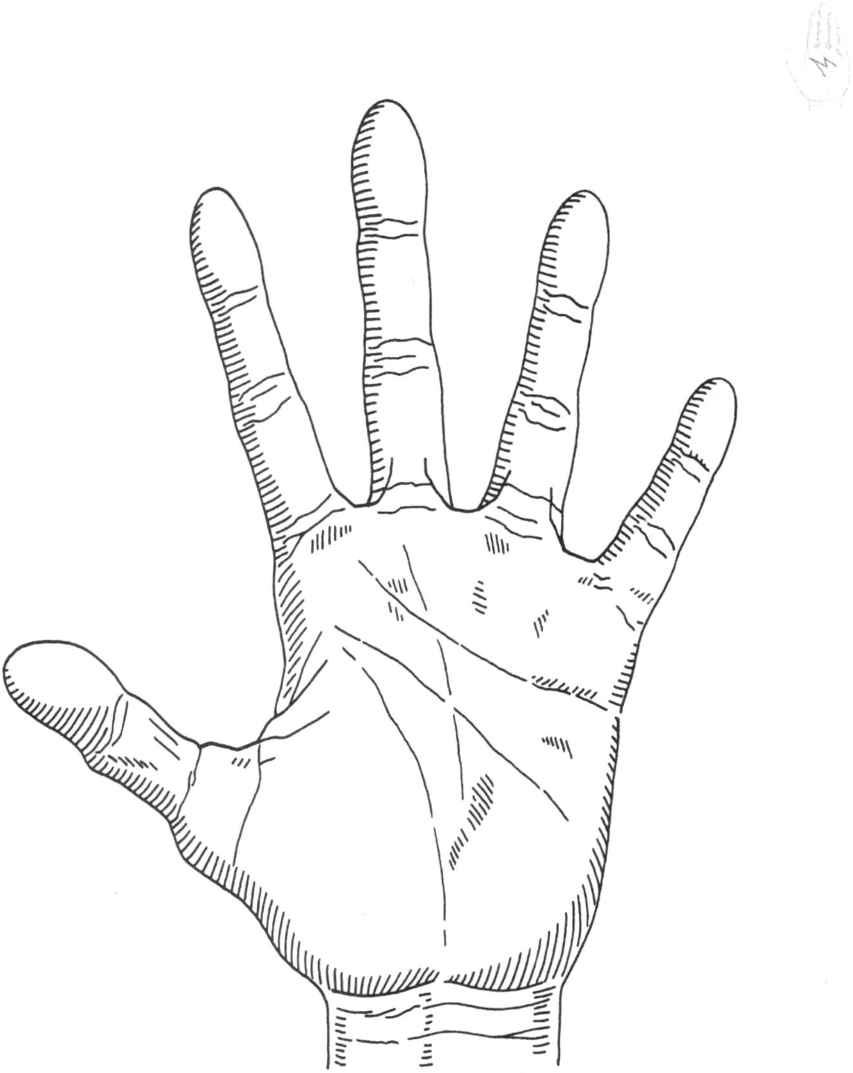

Fingerzwischenräume / Finger gespreizt

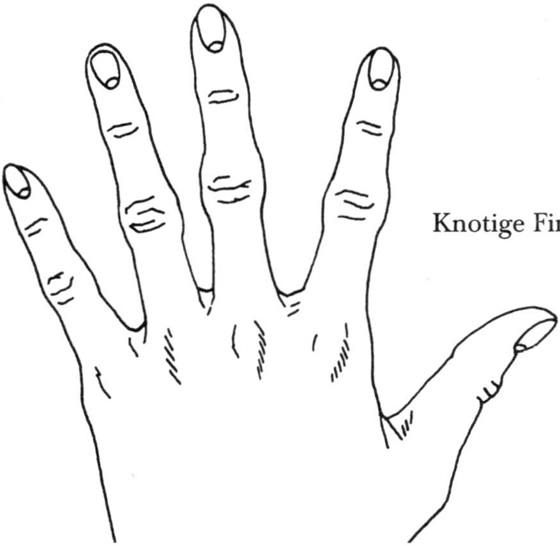

Knotige Finger

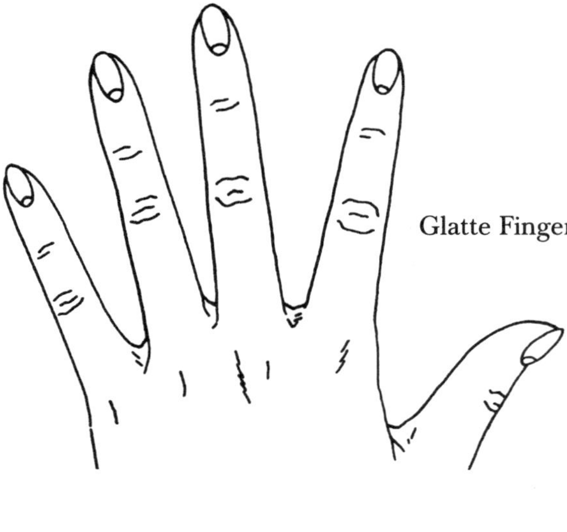

Glatte Finger

Glatte Finger und knotige Finger

Bei der Deutung der Hand verkörpern die Finger den geistigen Bereich, im Handballen liegen die seelischen und körperlichen Bereiche.

Darüber hinaus ergeben sich, natürlich immer unter Berücksichtigung der den Fingern entsprechenden Merkmale, eine spezielle Aufteilung der einzelnen Fingerglieder. Diese wiederum beziehen sich auf das Gesamte, also Körper, Seele und Geist.

Das äußere Fingerglied steht für den geistigen Bereich, für den Teil, der die irdische und körperliche Gebundenheit abstreifen und aufsteigen will, in geistige Höhen.

Das innere Fingerglied versinnbildlicht den Körper, das Feste, also die Basis. Das mittlere Fingerglied symbolisiert die Seele, die Geist und Körper miteinander verbindet.

Die verschiedenen Deutungen ergeben sich aus dem Verhältnis der Größe der einzelnen Fingerglieder zueinander. Ist das obere Glied am längsten, so besteht, bezogen auf die Aussage des jeweiligen Fingers, ein verstärktes Streben nach geistigen Interessen. Darin findet dieser Mensch seine Daseinserfüllung. Für jemanden mit einem längeren Mittelglied ist das seelische Erleben sehr wichtig.

Im längeren Wurzelglied zeigt sich das Ursprüngliche, das körperliche und sinnliche Erleben und die Umsetzung in die Tat, der Begabungen und Möglichkeiten der oberen Fingerglieder.

Eine glatte Fingerform weist auf Begeisterungsfähigkeit, Fantasie, Lebensfreude und Leidenschaft, die mitunter zu unkontrollierten Taten führt.

In der knotigen Fingerform finden wir Einschränkungen. Die Gefühlsempfindungen werden einer Kontrolle unterzogen, logisches Denken, Beherrschung und vorsichtiges Handeln sind typische Charaktermerkmale dieses Handeigners.

Er strebt im realen, machbaren Bereich nach materiellem und wirtschaftlichem Erfolg. Im negativen Bereich neigt er zu Krittelei, Pedanterie und übertriebener Vorsicht.

Man muss zwischen mittleren und oberen Knoten unterscheiden. Zwischen dem Mittelglied und der Fingerendung liegen die oberen Knoten, die die geistige Welt symbolisieren. Sie werden deshalb auch die philosophischen Knoten genannt und beziehen sich auf das Denken.

Menschen mit diesen Knoten besitzen Logik, können sehr gut analysieren; aber sie neigen auch zur Übervorsicht, Kleinlichkeit und Misstrauen. Zwischen dem unteren und mittleren Fingerglied liegen die mittleren Knoten. Sie heißen materielle oder Ordnungsknoten und befähigen zu Disziplin und realer Tatkraft, zu systematischem Handeln, aber auch zu Pedanterie und Ordnungssucht und Egoismus.

Um festzustellen, ob die Finger glatt oder knotig sind, legen Sie die Hand mit dem Handrücken flach auf den Tisch.

Fahren Sie dann die einzelnen Finger mit Daumen und Zeigefinger der anderen Hand - und mit geschlossenen Augen - von der Wurzel bis zum Fingerende an.

Auf diese Art erkennen Sie selbst kleine Knoten, die beim Anschauen manchmal nicht so offensichtlich zutage treten.

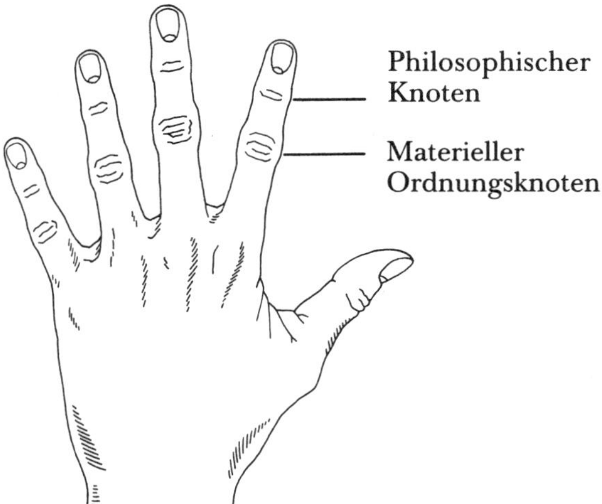

Der Fingeransatz

Auch die Fingeransätze sind nicht ganz unwichtig und können sich sehr unterscheiden. Manche Finger beginnen am Handrumpf sehr zart, andere massiv, plump oder breit, wieder andere erscheinen dick oder dünn.

Beginnen die Finger zart, bedeutet das ein freundliches Wesen, eine rasche Auffassungsgabe. Dies ist ein geistig reger Mensch, er besitzt die Fähigkeit, sich sehr gut auszudrücken.

Ein Mensch mit plumpen Fingeransätzen ist auch in seinem Wesen plump. Taktgefühl besitzt er überhaupt keines, sein Geist ist träge. Er möchte nur seine stumpfen und ichbezogenen Triebe befriedigen.

Der massive Ansatz steht für realistisches Denken. Ein Mensch, der sehr naturverbunden ist und mit beiden Beinen auf der Erde steht. Bei einem Menschen mit breitem und massivem Fingeransatz kann ein besitzergreifendes Wesen hinzukommen. Möglicherweise neigt er zur Herrschsucht in manchen Bereichen.

Ein dicker Fingeransatz deutet auf ein starkes Verlangen nach Sinnlichkeit und Genuss. Dieser Mensch ist hilfsbereit und liebenswürdig. Da er in materieller Hinsicht meistens gut dasteht, fällt es ihm auch nicht schwer. Oft hat er künstlerische Neigungen.

Der magere Ansatz steht für eine geistige, intellektuelle Neigung zur Wissenschaft. Um zu handeln, braucht dieser Mensch Fakten. Sein Leben lässt er sich nur von seinem Verstand leiten, dadurch ist er gefühlsärmer als andere Menschen. Er ist ein Realist, der gängig als Kopfmensch bezeichnet wird.

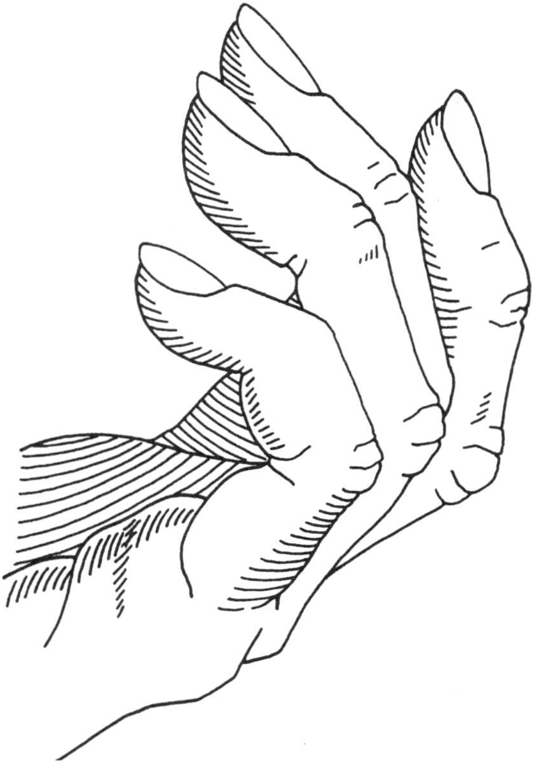

Die Fingerendung

Es gibt verschiedene Formen der Fingerendungen. Beachtet man diese Form und verbindet sie mit der Aussage der einzelnen Fingerentsprechungen, ebenso mit den verschiedenen Handformen, so kommt man zu einem schlüssigen Ergebnis. Die Fingerendungen können nämlich durchaus eine andere Form als die Hand haben. Nur die Betrachtung der ganzen Hand, also von Körper, Geist und Seele, gibt Aufschluss über den Charakter eines Menschen und seinen Veranlagungen

Finger mit einer ovalen Endung weisen auf Fantasie und bildhafte Vorstellung. Dieser Mensch ist seelisch ausgeglichen und hat Freude am Leben. Sein offenes Wesen macht es ihm leicht, Freunde zu finden. Es ist aber auch möglich, dass er in der Liebe zur Untreue neigt, da er überall gut ankommt und dadurch viele Möglichkeiten für einen Seitensprung hat.

Eine spitze Fingerendung deutet auf Liebe zur Schönheit der Natur und der Kunst. Dieser Handeigner sehnt sich nach seinem inneren Frieden. Er kann sich gut in andere hineindenken, ist hilfsbereit, ohne etwas dafür zu erwarten und kann sich in einer Beziehung sehr gut einordnen. Im negativen Bereich kann vorkommen, dass er nicht an seine eigene Fähigkeiten glaubt.

Die eckige Form zeigt sich bei Menschen mit Ausdauer und Geduld. Durch diese Eigenschaften sind sie sehr beständig. Sie sind vernünftig und handeln überlegt und besonnen. Wissen-

schaftliches Arbeiten und Forschen kommt ihrem Naturell entgegen. Im negativen Bereich kann sich auch Sturheit und Pedanterie bemerkbar machen.

Ein Mensch mit spatelförmigen Fingerendungen besitzt eine robuste Gesundheit. Er hat Durchsetzungsvermögen und unternehmerisches Denken.

Durch seine Willenskraft und seine Arbeitsenergie kann er in materieller Hinsicht vieles erreichen.

Im negativen Fall aber kann dieser Mensch arrogant sein und einen starken und rücksichtslosen Geltungsdrang verspüren.

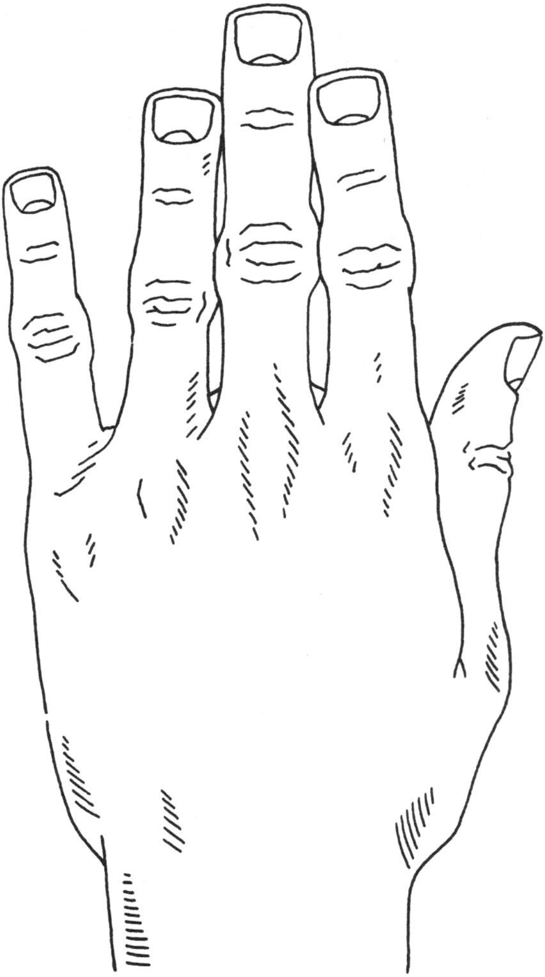

Eckige Fingerendungen

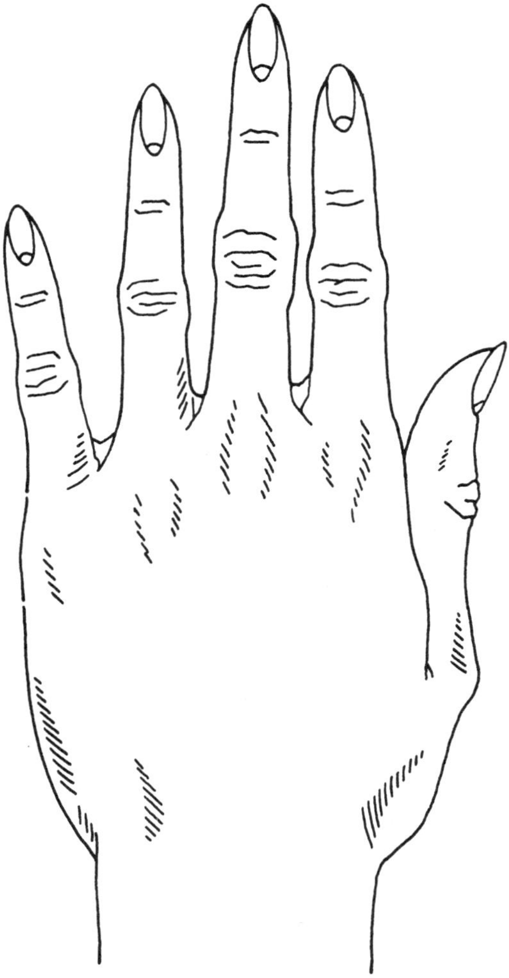

Spitze Fingerendungen

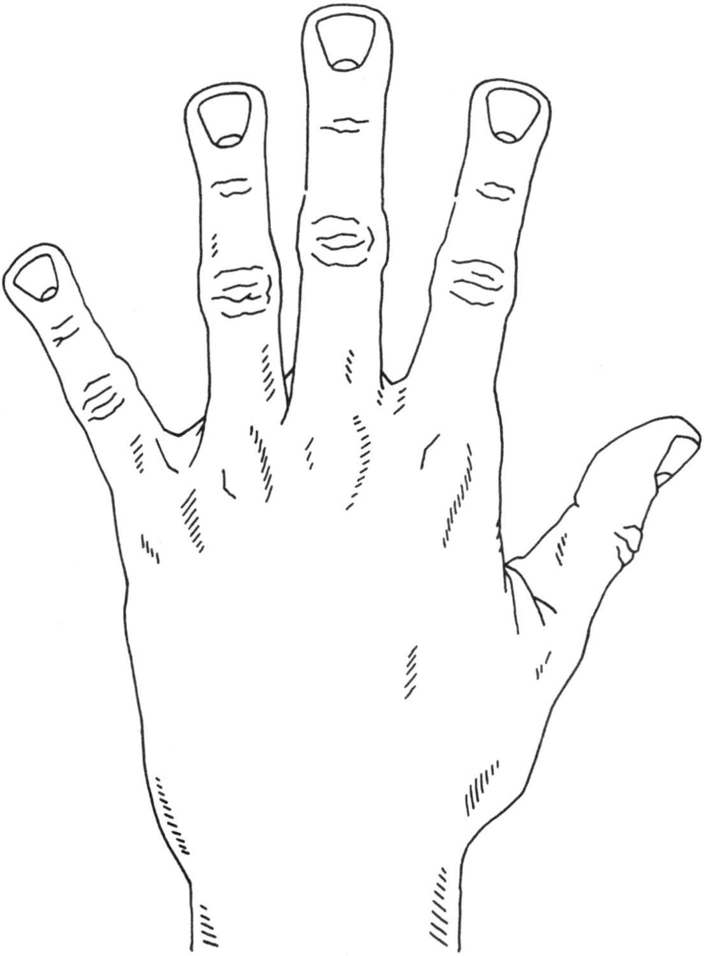

Spatelförmige Fingerendungen

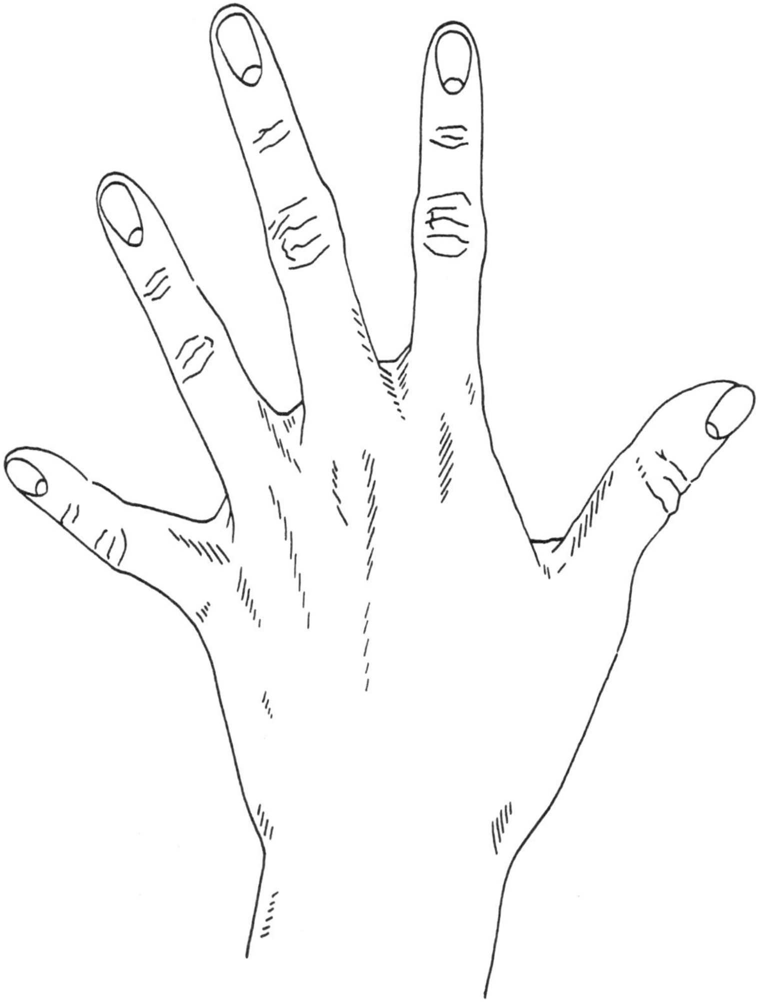

Ovale Fingerendungen

Die Fingerlinien

Die Innenseite der Finger haben sowohl Längs- als auch Querlinien. Sie können, genauso wie die Handlinien, stärker oder schwächer sein.

Erstrecken sich die Längslinien vom Wurzelglied, also vom körperlichen über den ganzen Finger, bis in das Nagelglied, das den Geist symbolisiert, so ist das positiv in diesem Bereich. Querlinien verdeutlichen das Erdgebundene, Schwere, das Annehmen seines Schicksals.

In den Längslinien liegt das Erkennen der eigenen Begabungen und Fähigkeiten, und somit auch die Verwirklichung derer. Aus den Querlinien lassen sich Probleme und Hemmschwellen erkennen, die durch die positiven Aussagen der Längslinien überwunden werden sollten.

Überkreuzen sich die Längs- und die Querlinien, meistens im Nagelglied des Saturnfingers, ist das ein ungünstiges Zeichen.

Die Aussagen dieses Fingers, z.B. das Pflicht- und Verantwortungsempfinden, werden so sehr verstärkt, dass dies als schwere Last empfunden werden kann. Ist dann auch noch die Aussage der gesamten Handform eher negativ, so können die ungünstigen Charaktereigenschaften stärker hervortreten. Es ist möglich, dass Depressionen und eine Neigung zur Schwermut auftreten. Auch Querlinien auf dem Daumen weisen auf diese Auswirkungen hin. Zeigen sich auf dem zweiten Glied des Daumens sehr starke Linien, können sich Momente größerer Gefahr ergeben.

Da das zweite Glied des Daumens den Verstand symbolisiert, kann es bei sehr starker horizontaler Linienführung zu Verwirrungen und Taten der Verzweiflung, zu katastrophalen Ereignissen kommen. Sind diese Linien kurz und nicht sehr ausgeprägt, ist eventuell eine Neigung zu Selbstmordgedanken vorhanden. Bei einer doppelten Linie kann man annehmen, dass es nicht bei den Gedanken bleibt.

Bei Menschen mit einer höheren Daseinsentsprechung, zeigt sich eine vielfältige, meist vertikale Linienführung auf allen Fingergliedern. Die Deutungen werden in Betrachtung der einzelnen Finger und Fingerglieder und der ihnen zugesprochenen Merkmale getroffen.

Zum Abschuss möchte ich noch auf die Querlinien des oberen Gliedes des Jupiter- bzw. Merkurfingers eingehen. Auf dem Jupiterfinger bedeuten die Querlinien Angeberei und Unaufrichtigkeit.

Die vertikal verlaufenden Linien auf dem oberen Glied des Merkurfingers sind negativ auszulegen. Dieser Mensch hat einen Hang zum Lügen und Betrügen.

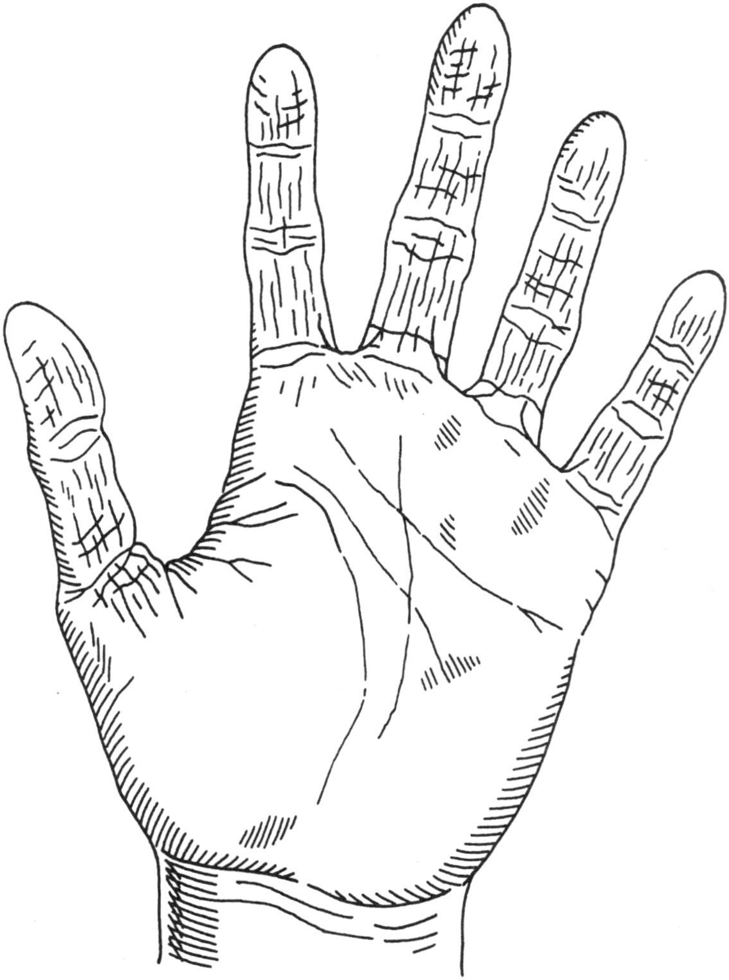

Fingerlinien

Die Tautropfen

Haben die Fingerkuppen, also die inneren Fingerendungen, eine tropfenähnliche Form, so spricht man von Tautropfen. In ihrer anmutigen, ästhetischen Form symbolisieren sie Charaktereigenschaften im schöngeistigen Bereich. Ob sie nur leicht angedeutet sind oder feiner hervortreten, sie weisen auf feingeistige Empfindungen, sehr feines Taktgefühl, ein ausgeprägtes Feingefühl und auf intuitives Verstehen auf höherer Ebene.

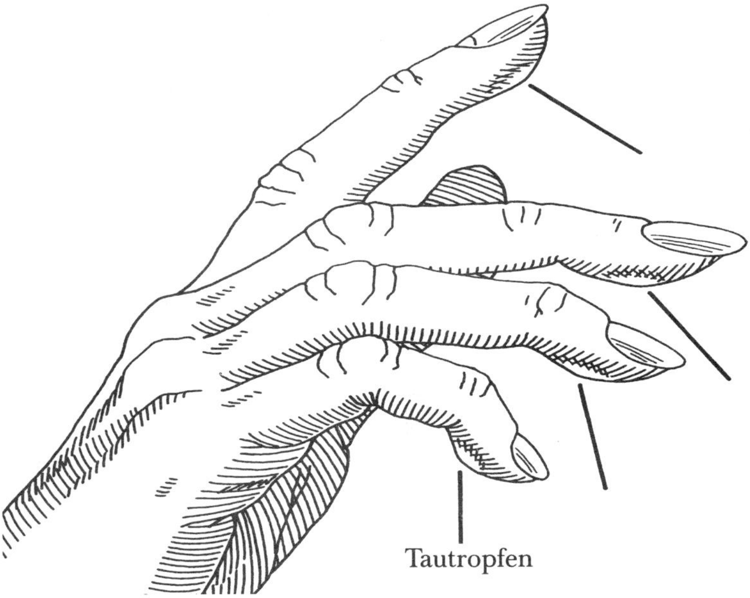

Weitere Finger- und Handmerkmale

Eine Hand, die sich wie ein Fächer leicht spreizen lässt und dabei der Daumen und der Merkurfinger den gleichen Abstand aufweisen, wie die Länge der Hand, von der Handwurzel bis zur Endung des Saturnfingers, symbolisiert für den Handeigner einen größeren Spielraum in seiner Entfaltung, eine größere Freiheit in der Bewältigung des Schicksals. In dieser großzügigen Weite liegt die Möglichkeit zu Glück und Erfolg.

In einer kleineren, engeren Spannweite, sind auch die Möglichkeiten beengter. Es ist weniger Raum vorhanden. In dieser Form liegt Ängstlichkeit und Vorsicht, Verschlossenheit und Festhalten an vorgefassten Meinungen. Dieser Handeigner handelt nur zögernd und wird in der Umsetzung seiner Begabungen und Fähigkeiten Hemmungen erfahren.

In einer Hand, deren Finger sich leicht zurückbiegen lassen, liegen diplomatisches Geschick, Großzügigkeit, Einfühlungsvermögen und Seelentiefe.

Lassen sich die Finger einer Hand nicht zurückbiegen, sind sie starr, dann ist auch das Verhalten starr.

Dieser Handeigner wir stur an Meinungen festhalten, er neigt zu Egozentrik und Verschlossenheit. Positiv zeigen sich Gradlinigkeit, Beständigkeit und Disziplin.

Die Fingernägel

Die verschiedenen Formen der Fingernägel

Verbreitert sich der Fingernagel vom Ansatz zur Fingerendung, so spricht man von einer Spatelform. Diese Form lässt auf ein aktives Leben, ein Bestreben nach wirtschaftlichem und materiellen Erfolg schließen. Sie zeichnet den Praktiker aus. Im negativen Bereich fehlt diesem Menschen jeder Sinn für Diplomatie, seine Unverblümtheit ist verletzend, er hat keine Geduld und ist ein Nörgler.

Eine rechteckige Nagelform findet man bei einem sehr realistischen Menschen. Er geht bei allem sehr methodisch vor und strebt nach Ordnung. Besonnen und überlegt steckt er sich seine Ziele im Bereich des Möglichen. Im negativen Fall ist er kleinkariert und sehr konservativ. Er ist ein Erbsenzähler und hebt immer seinen Zeigefinger um anderen zu sagen, was Recht und Unrecht ist. Seine Gefühle verdrängt er. In der konischen und der ovalen Form zeigt sich Harmonie, Lebensfreude, Liebe zur Wahrheit und Idealismus. Auch die Fähigkeit eine sich ergänzende Beziehung zu führen, ist vorhanden.

Durch die starke Erlebnisfähigkeit im seelischen und geistigen Bereich, werden die negativen Aussagen wie z. B. Egozentrik und berechnendes Kalkül, wenn überhaupt, dann nur in geschwächter Form auftreten.

Die Länge der Fingernägel

Die Größe bzw. Länge des Nagels ergibt sich aus der angewachsenen Fläche in Bezug auf die Größe des Nagelgliedes. Die Hälfte dieses Gliedes entspricht einer normalen Nagellänge. Der kurze Nagel bildet das Pendant zur Spatelform, der mittellange Nagel zur rechteckigen und der lange Nagel zur konischen, ovalen Form.

Die Aussage der Spatelform zeigt sich im kurzen Nagel im materiellen Bereich. Dieser Mensch ist verhaftet in einer praktischen, lebensnahen Existenz. Er hat eine gesunde Lebensfreude und liebt die Natur. Auf die Anforderungen des täglichen Lebens reagiert er sofort und mit sicherem Instinkt. Negativ kann sich Jähzorn und Launenhaftigkeit zeigen.

Der mittellange Fingernagel hat die Aussagekraft der eckigen Form. Er symbolisiert Streben nach geistigem Wissen, er steht für den Drang nach wissenschaftlichem Forschen. Dieser Mensch hat die Fähigkeit zum analytischen Denken, er ist ein Verstandemensch. Die mittlere Nagellänge ist die Normalform. Sie hat die ausgleichende Komponente in Bezug auf die Merkmale der Grundform.

Das konische Prinzip findet man in der langen Nagelform. In dieser Verbindung zeigt sich die Fähigkeit zu seelischer und geistiger Bewusstseinserweiterung. In ihr liegt eine Erkenntnisfähigkeit auf höherer, auf universeller Ebene. Dieser Mensch ist taktvoll und hat einen Sinn für das Schöne. Es kann aber sein, dass er sich durch seine Naivität und Leichtgläubigkeit leicht ausnutzen lässt.

Die Form der Nägel ergibt sich aber nicht nur aus der Länge, es ist auch wichtig wie schmal oder breit sie sind. Die Trinität, die Dreiheit, ist auch hier vorhanden. Im breiten Nagel liegt der Bereich des Körpers, die normalen Breite symbolisiert den Geist, und die Schmalheit entspricht der Seele.

Ein breiter Nagel verkörpert materialistisches Denken verbunden mit einer starken körperlichen Kraft. Dieser Mensch ist starrköpfig und eigensinnig. Er will sich durchsetzen um jeden Preis und ist dementsprechend herrschsüchtig. Eine normale Breite der Fingernägel zeigt beschwingte Lebensfreude und Idealismus. Der Blick ins Leben geht immer nach vorn, künstlerische Neigungen sind vorhanden. Dieser Handeigner ist großzügig und gutmütig. Dadurch lässt er sich oft ausnutzen. Es kann sein, dass er Vorsätzen nicht immer treu bleibt.

Menschen mit schmalen Fingernägeln können sich gut in andere hineinversetzen. Sie sind empfindsam und sehr gefühlvoll und haben Fantasie. Im Negativbereich kann es durch zögerliches Verhalten zu Durchsetzungsschwierigkeiten kommen. Manchmal sind sie übertrieben verletzbar.

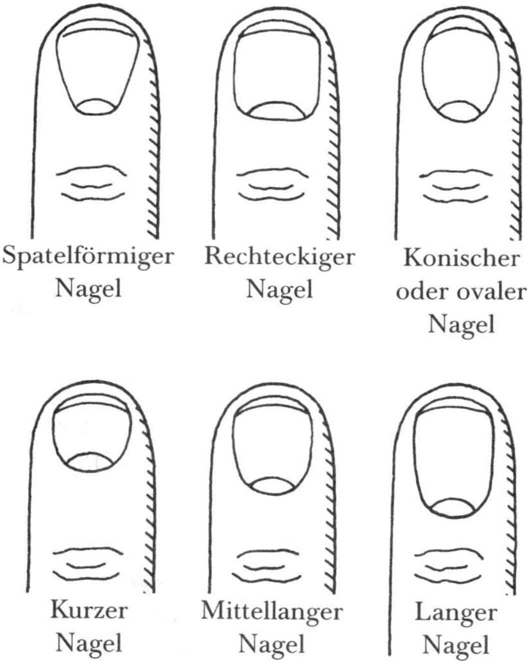
Spatelförmiger Nagel
Rechteckiger Nagel
Konischer oder ovaler Nagel
Kurzer Nagel
Mittellanger Nagel
Langer Nagel

Die Beschaffenheit der Fingernägel

Auch hier wird zwischen drei Arten unterschieden.

Harte Nägel stehen für eine starke Körperlichkeit. Dieser Handeigner besitzt Ausdauer und Zielstrebigkeit.

Er verfügt über eine gute Gesundheit. Negativ kann sich ein besitzergreifendes Wesen sowie rohes Verhalten und der Drang seine sexuellen Begierden voll auszuleben, zeigen.

Fingernägel, die eine feste und elastische Konsistenz haben, weisen auf einen festen Charakter.

Dieser Mensch kommt im täglichen Leben gut zurecht. Er strebt im Rahmen seiner Begabungen und Möglichkeiten nach geistigem Wissen und Selbsterkennen.

In weichen, dünnen Fingernägeln zeigt sich ein zartes und empfindliches Wesen, sowohl gesundheitlich wie auch charakterlich, das sich sehr gerne bemuttern lässt.

Es fehlt an Selbständigkeit in der Bewältigung des täglichen Lebens.

Die Farbe der Fingernägel

Die Beschaffenheit und Farbe der Nägel lässt nicht nur charakterliche Eigenschaften deuten, sie weist auch auf Krankheiten hin.

Eine gelbliche Färbung der Fingernägel geht oft konform mit einer Erkrankung der Leber oder der Galle.

Dieser Mensch ist reizbar und cholerisch. Zornig wie er ist, gibt es oft Streit. Hier kann man den Ausspruch „dem läuft die Galle über" wörtlich nehmen. Durch seinen Neid neigt er zu Depressionen.

Weiße Nägel, die blutleer wirken, lassen auch auf schlechtes Blut schließen.

Dieser Mensch hat wenig Kraft zur Bewältigung der täglichen Aufgaben, er ermüdet schnell und hat keine Ausdauer.

Um nicht außer Atem zu kommen, macht er es sich gerne bequem. Man darf nicht zu viel von ihm verlangen.

Fingernägel mit einer rosaroten Färbung zeugen im Normalfall von guter Durchblutung und vitaler Gesundheit.

Es können aber teilweise Erkrankungen der Atemwege auftreten.

Anfällig für Stoffwechselkrankheiten und Niereninfektionen sind Menschen mit einer mandelförmigen Form der Fingernägel bei einer rosaroten Färbung.

Sie sind idealistisch und lieben die gehobenen, gesellschaftlichen Umgangsformen.

Ein Nagel, der eine ins dunklere Rot gehende Färbung aufweist, lässt auf zu viel Blut schließen.

Dadurch benimmt sich dieser Mensch oft wie der Stier, wenn er das rote Tuch sieht. Er besitzt ein polterndes Gebaren.

Nägel mit einer bläulichen Färbung lassen auf eine schlechte Durchblutung und damit auf einen schwachen Kreislauf schließen.

Auch eine Herzschwäche ist nicht auszuschließen.

Ein Mangel an Lebenskraft lässt diesen Menschen oft niedergeschlagen und traurig sein.

Die Beschaffenheit der Nägel

Gekrümmte Nägel

Fingernägel mit einer Krümmung deuten auf Lungen- oder Bronchialprobleme hin.

Diese Menschen sind anderen sehr zugeneigt. Es fällt ihnen schwer, ihre grundsätzlichen Lebensziele zu erreichen.

Nur durch Beharrlichkeit und Ausdauer können sie es schaffen. Außerdem weisen gekrümmte Nägel auf eine erotische Ausstrahlung und viel Sinnlichkeit.

Gerillte Nägel:

Der Erfolgstyp. Menschen mit solchen Fingernägeln erreichen die höchsten Ziele, obwohl sie eigentlich eher schüchtern sind.

Doch wenn sie eine interessante Aufgabe anpacken, wachsen sie über sich selbst hinaus und stürmen nach vorne - oder besser - nach ganz oben!

Zuhause spielen sich diese Personen gerne als Gebieter auf und als Egoisten - obwohl sie es eigentlich nicht sind. Außerhalb des Heimes ist dieser Fingernageltyp hoch geschätzt. Er wird bewundert und oft auch beneidet. Diese Menschen sind geborene

Politiker, sie lieben die Behaglichkeit und den Prunk. Frauen dieses Types lieben erlesenen und natürlich hochkarätigen Schmuck, elegante Kleidung und vornehme Restaurants.

Nägel mit Halbmond:

Fast jeder Mensch hat sie, die weißen Halbmonde am Beginn des Nagels. Hier gilt: Je größer, desto wissbegieriger die Person.

Außerdem sind Halbmonde das Zeichen für eine ausgeprägte Intuition, die solche Menschen besonders in geschäftlicher Hinsicht außerordentlich erfolgreich handeln lässt.

Gefleckte Nägel:

Die Flecken können weiß oder grau sein. Der modernen Chirologie zufolge kündigen sie Despressionszustände an, die aber sofort verschwinden, wenn sich privater oder beruflicher Erfolg einstellt.

Außerdem können die Flecken auch auf Mangelerscheinungen hinweisen.

Harter Nagel

Fester, elastischer Nagel

Weicher, dünner Nagel

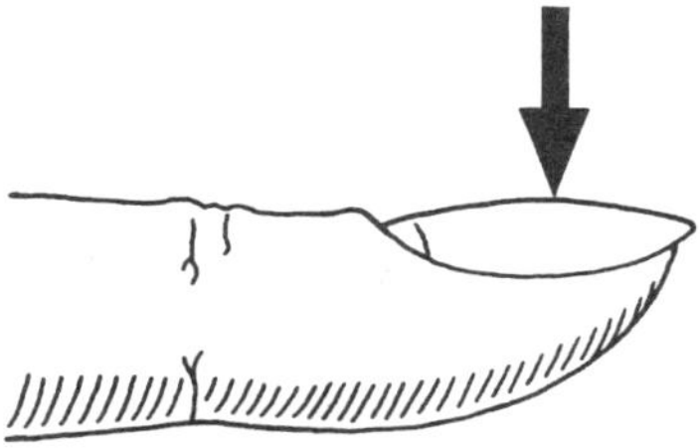

Harter Nagel

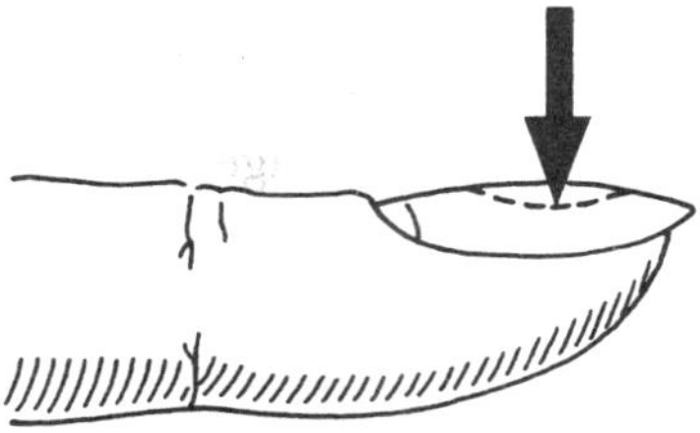

Fester, elastischer Nagel

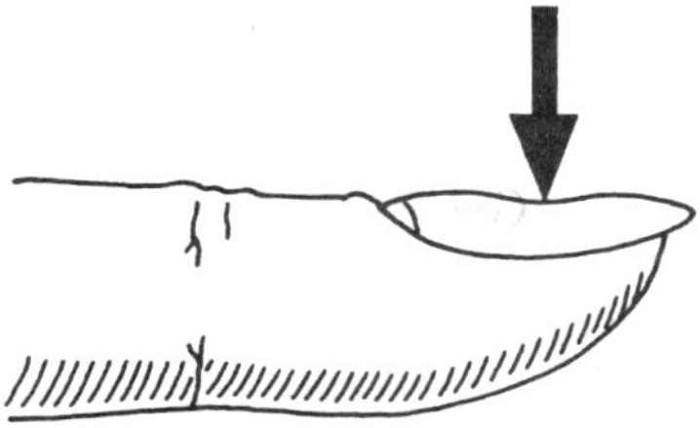

Weicher, dünner Nagel

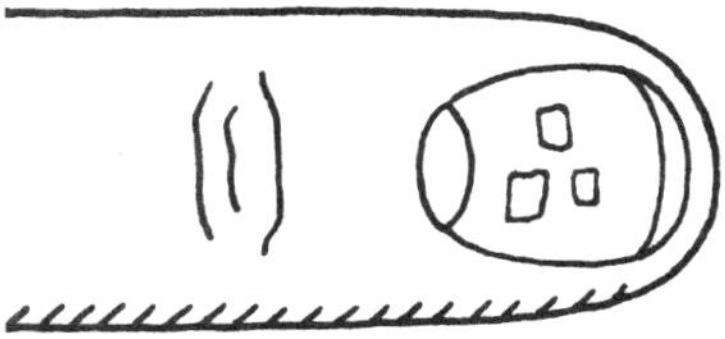

Gefleckter Nagel

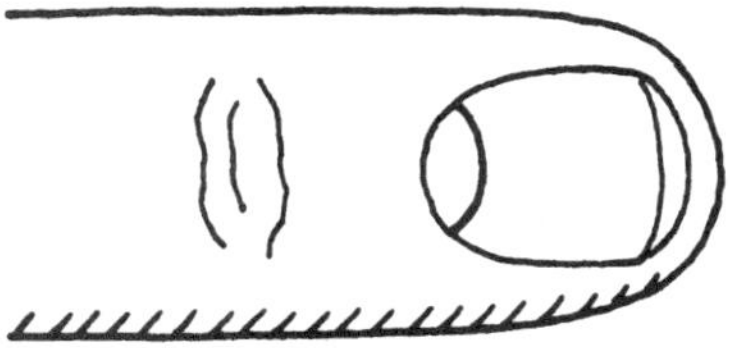

Nagel mit Halbmond

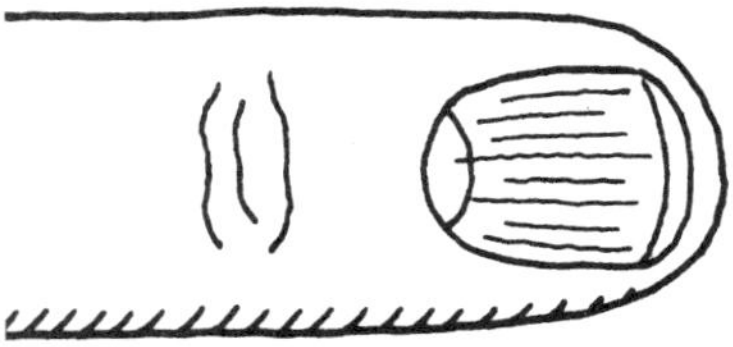

Gerillter Nagel

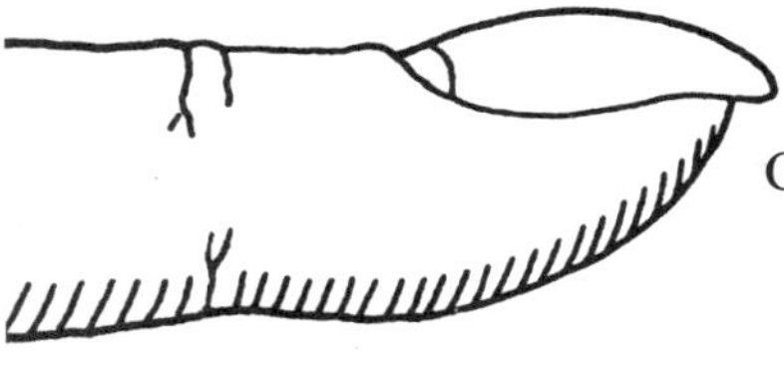

Gekrümmter Nagel

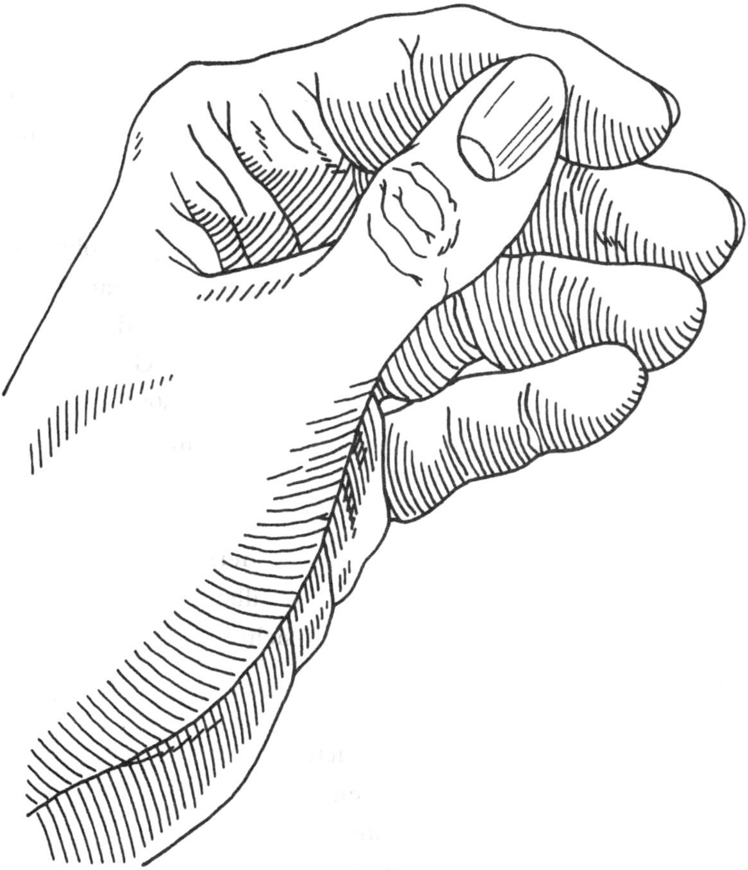

Der Daumen

Der Daumen

Schon im alten Rom entschied er über Leben oder Tod der Gladiatoren in der Arena. Dem Säugling spendet er Trost und Geborgenheit, indem er daran nuckelt. Eine Hand ohne Daumen büßt viel von ihrer Geschicklichkeit und Bewegung ein. Ist eine Sache gut gelaufen, so reckt man den Daumen in die Höhe.

Der Daumen nimmt bei der Deutung der Finger absolut die Vormachtstellung ein. Er ist sozusagen der „Chef“. Darin sind sich die modernen Wissenschaften der Chirologie und die alten Überlieferungen absolut einig. Der Daumen ist der Gegenpol zu den anderen Fingern, er spielt die absolut wichtigste Rolle. Was in ihm anlagebedingt nicht ist, kann die gesamte Hand nicht realisieren.

Ein großer Daumen bei einer Männerhand deutet auf Unternehmensgeist und zielstrebigen Willen. Dieser Mensch besitzt Mut und Tatkraft, er ist selbstsicher und widerstandskräftig.

In einer Führungsrolle fühlt er sich am wohlsten und es wird ihm auch das nötige Vertrauen entgegengebracht werden. In seine Begabungen und Fähigkeiten hat er absolutes Vertrauen. Überragt der Daumen das Wurzelglied des Zeigefingers - ebenfalls bei einer männlichen Hand - überhaupt nicht oder nur wenig, so kann man ihn als klein bezeichnen. Diese Form lässt auf wenig Durchsetzungsvermögen schließen. Die anfallenden täglichen Probleme werden nur zögernd und verhalten angegangen. Außerdem ist diese Person sehr sensibel.

Ein großer Daumen bei einer Frauenhand zeigt, dass ein starkes dominantes Verhalten vorhanden ist. Diese Person kann sich sehr gut durchsetzen und in der Welt behaupten. Außerdem ist sie praktisch veranlagt und strebt nach Status. Hat eine Frau einen kleinen Daumen, so ist sie instinktsicher und kann sich sehr gut verwirklichen. Sie ist entschlussfreudig und vielseitig. In der Liebe wechselt sie zwischen Spielerei und echter, starker Leidenschaft.

Das erste Glied des Daumens gibt uns Aufschluss über die Willenskraft des Handeigners. Ist es lang, so deutet das auf einen sehr starken Willen hin, geleitet von der Vernunft. Bei einem kurzen ersten Daumenglied kann man auf eine gewisse Labilität schließen. Ist das obere Glied des Daumens breit, so sehen wir darin eine praktische und gesunde Lebenseinstellung.

Bei einem schmalen Daumenglied zeigt sich ein mehr intellektuell ausgerichtetes Verhalten. Das zweite Glied, das Mittelglied, gibt Auskunft über den Verstand. Ist es sehr ausgeprägt und lang, dann ist der Handeigner ein Vernunftsmensch. Er weiß seine Möglichkeiten gut abzuschätzen. Bei einem kurzen Mittelglied ist eine Mangel an Logik vorhanden. Für Harmonie und ausgeglichene Wesenszüge stehen gleichlange Mittel - und Nagelglieder.

Die Handberge

Die Handberge und ihre Symbolik

„In der Handfläche befindet sich an jeder Fingerwurzel ein kleiner Berg. Jeder Berg entspricht einem Planeten, von dem er günstig oder ungünstig beeinflusst wird, je nachdem er mehr oder weniger stark entwickelt ist, oder die Zeichen, die sich auf ihm befinden, mehr oder weniger glücklich sind.

Liegen diese Berge richtig an ihrem Platz, ebenmäßig und voll, so vermitteln sie die Eigenschaften, die den dargestellten Planeten angehören. Treten die Berge in den Händen wenig hervor, so lassen sie auf den Mangel dieser Eigenschaften schließen.

Werden die Berge von Höhlen ersetzt, ergeben sie die Fehler, die den Eigenschaften entsprechen.

Sind sie von ihrem Platz verschoben, haben sie teil an den Fehlern und Fähigkeiten der Berge, denen sie sich zuneigen.

Die übermäßige Fülle eines Berges zeigt Übertreibung seiner Eigenschaften an, was immer fehlerhaft ist."

(Aus „Die Hand und ihre Geheimnisse", von Adolphe Desbarolles)

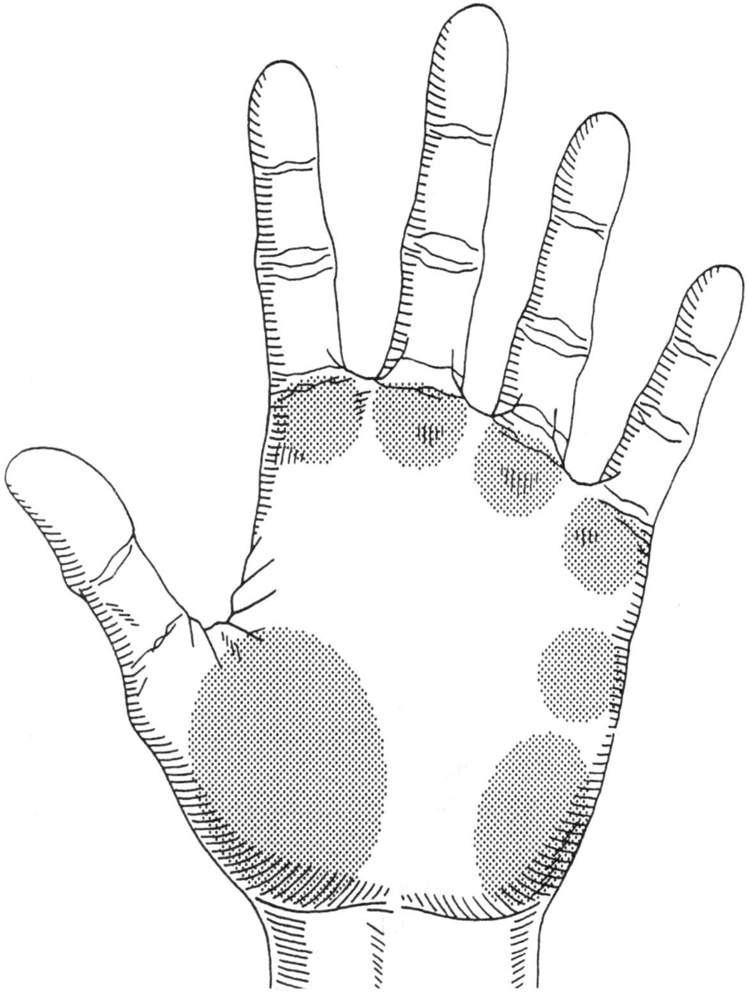

Die sieben Handberge

Der Venusberg

Dieser Berg wird von der Daumenwurzel gebildet, er liegt an der Einmündung des Daumens in die Hand und wird begrenzt von der Lebenslinie.

In der Antike gilt Venus als Göttin der Schönheit und der Liebe. Der Venusberg steht also für die Schönheit, für Anmut und Ästhetik, für Zärtlichkeit und Sinnlichkeit, für Genuss, Lebensfreude und Sexualität.

Ein gleichmäßig und gut entwickelter Venusberg symbolisiert Ausgeglichenheit in der ihm zugeordneten Eigenschaften.

Diese Person hat einen Sinn für Schönheit, eine gesunde und vitale Lebensfreude, ist zärtlich und zeigt eine erotisch ausgeglichenes Temperament.

Ist der Venusberg übermäßig ausgeprägt und entwickelt, so verfügt der Handeigner über eine heftige Sinnlichkeit bis hin zur Ausschweifung. Er ist schamlos und kokett. Auch Leichtsinn und Unbeständigkeit ist eine Charaktermerkmal von ihm. Ein nur mäßig entwickelter Venusberg deutet auf eine eher kühles Temperament.

Auch Egoismus und ein Mangel an Energie und Zärtlichkeit ist vorhanden.

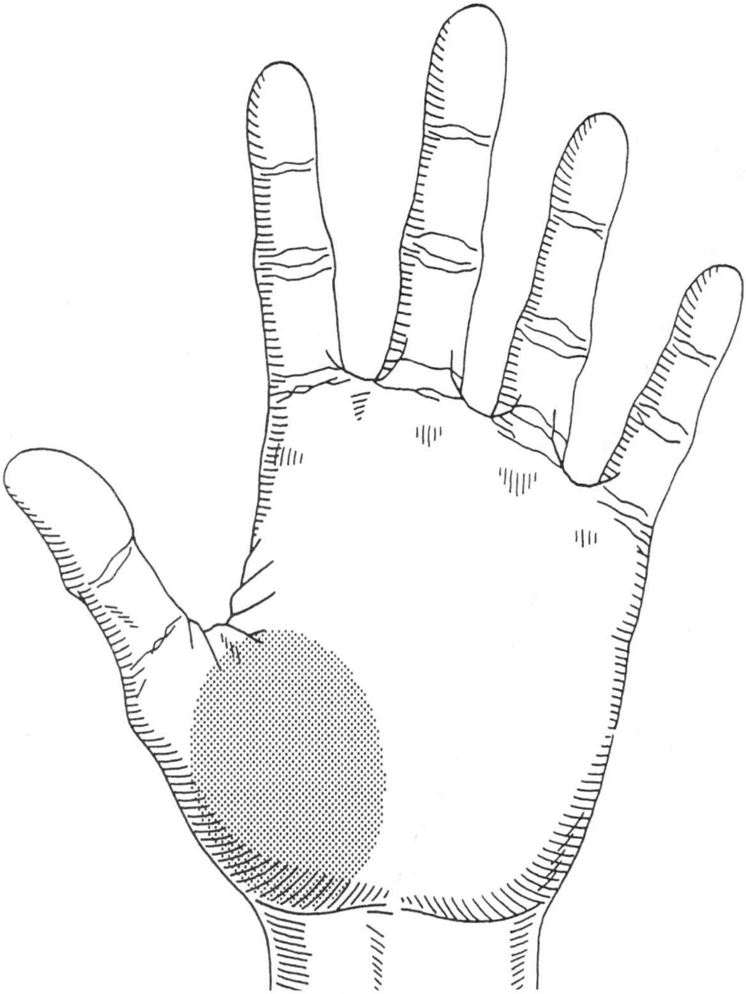

Venusberg

Der Jupiterberg

Der Jupiter ist der größte und manche sagen auch der schönste unter den uns bekannten Planeten.

Unterhalb des Zeigefingers liegt der Jupiterberg.

Er symbolisiert edlen Ehrgeiz, Fröhlichkeit und Liebe zur Natur.

Er gibt Aufschluss über Erfolg und glückliche Ehen und Liebesbeziehungen.

Ein breiter und normal entwickelter Jupiterberg deutet auf ein gesundes Maß an Ehrgeiz, viel Lebensfreude, gutes Gelingen in Partnerschaften.

Ist der Venusberg zu ausgeprägt, zu stark entwickelt, so zeigt sich darin ungeheuerer Stolz, Herrschsucht und Geltungsbedürfnis. Ein Übermaß an Genusssucht ist vorhanden.

Ein zu schwach entwickelter Venusberg, schmal und blass, ist oft Menschen zu eigen, die ehrgeizig und egoistisch sind.

Es fehlt ihnen an Noblesse und sie sind engherzig. Ist der Venusberg jedoch trotz mangelnder Entwicklung stark durchfurcht, so deutet dies auf ein erfolgreiches Leben.

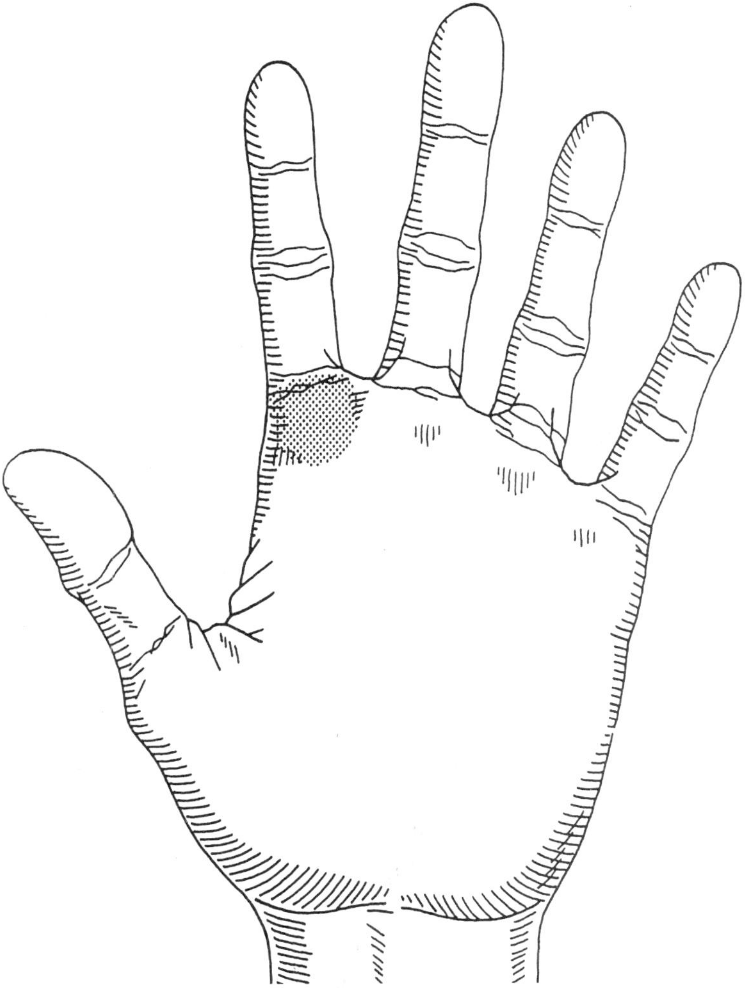

Jupiterberg

Der Saturnberg

Der Planet Saturn ist der Schicksalsplanet. Er ist der vom Himmel gefallene König. Er steht für die Zeit, die das Schicksal braucht, um seine Werke auszuführen.

Unter dem Mittelfinger befindet sich der Saturnberg. Er gibt ihm gegenüber, dem Venusfinger, Aufschluss über Einstellung zum Leben. Der Saturnberg, der Berg des Schicksals, steht, falls er lächelt, für Lebensklugheit und Weisheit, für all das, was man aus eigener Kraft erreichen kann.

Zeigt er aber kein Lächeln, so kann er größtes Unglück bringen. (Um Genaueres zu bestimmen, muss man die Handlinien unbedingt zur Deutung hinzuziehen.)

Eine normale Entwicklung des Saturnberges deutet auf vorsichtiges Verhalten in allen Lebenslagen.

Ist der Saturnberg sehr stark ausgeprägt, so wird man bei diesem Handeigner Traurigkeit und Einsamkeitsliebe feststellen. Er hat sehr starre Religionsbegriffe und der Vergeltung im Jenseits. Oft lebt er sehr asketisch und ist pessimistisch.

Ein zu unterentwickelter Saturnberg zeugt von Leichtsinn. Ist er von starken Linien durchzogen, so weist er auf ein Leben voller Kampf, auf Unglück und große Hindernisse.

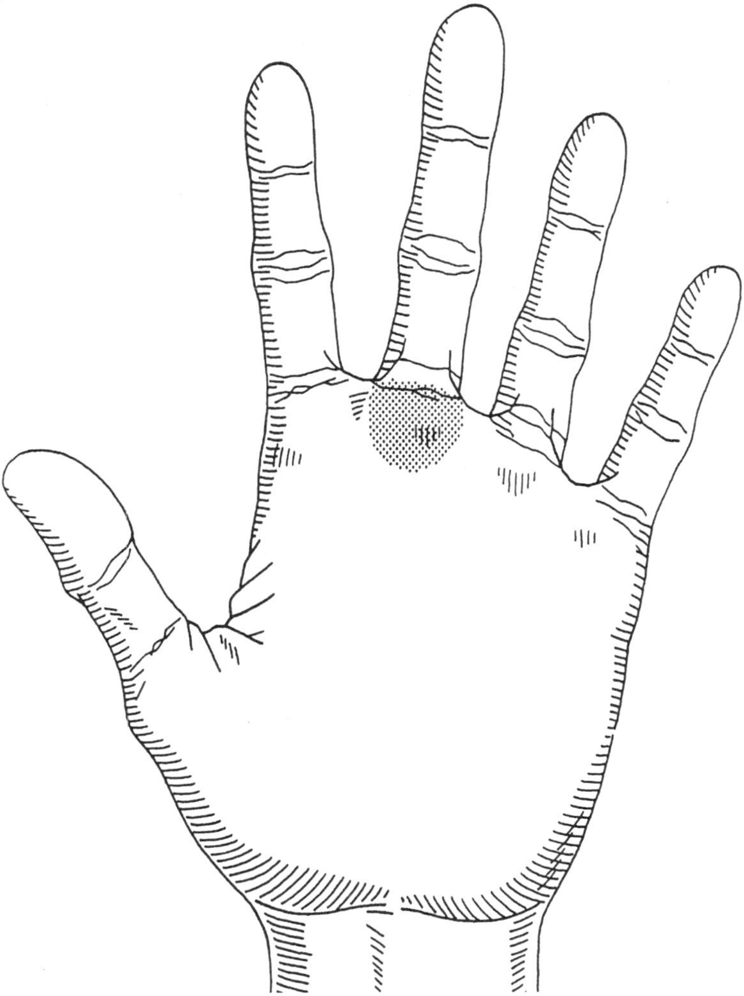

Saturnberg

Der Apollo- oder Sonnenberg

Unter dem Ringfinger findet man den Apolloberg. Apollo ist der Gott des Lichtes, er ist schön und edel. Er ist der Gott der schönen Künste. Ihm werden Eigenschaften zugeordnet wie Kunstsinn, Erfolg und Ruhm, Verstand und schöpferische Begabung, Ruhm und geistige Erleuchtung. Er gibt Hoffnungen und Seelenfrieden, Ehre, Berühmtheit und Reichtum.

Ein normal ausgeprägter Sonnenberg lässt diese Merkmale in einem gesunden Mittelmaß auftreten.

Bei einer Überbetonung des Sonnenberges ist Prunksucht vorhanden. Diese Person liebt das Geld, materiellen Reichtum und hat auch dementsprechend hohe Ausgaben. Sie hat einen starken Drang nach Ruhm.

Die starke Ausprägung des Sonnenberges deutet aber auch auf ein lebhaftes Interesse an der Kunst, das sich entweder auf ein Gebiet konzentriert, oder in verschiedene Richtungen tendiert.

Ein nur wenig entwickelter Sonnenberg lässt auf materielles Denken schließen. Ein Interesse an Kunst ist nicht vorhanden, das Leben verläuft eintönig im täglichen Allerlei.

Bei nicht vorhandenem Sonnenberg geht man von einer starken Interesselosigkeit aus.

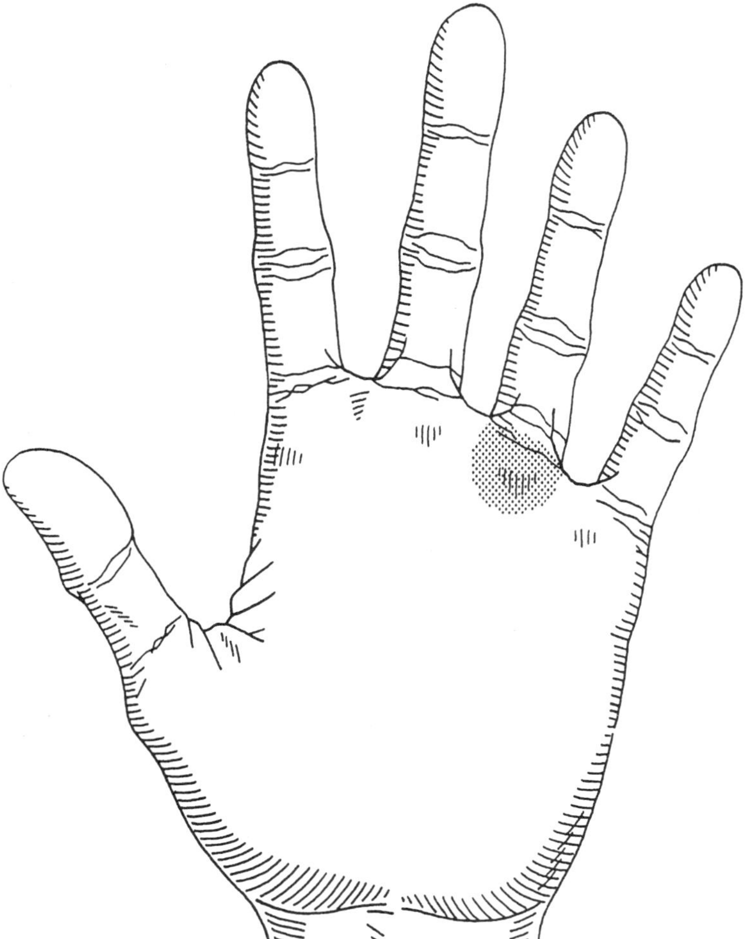

Sonnenberg (Apolloberg)

Der Merkurberg

Der Merkurberg wird auch Berg des Verstandes genannt. Merkur ist ein geflügelter Götterbote. Er kommt er herab zur Erde und steigt wieder auf in den Himmel. Er besitzt große magische Kraft.

Der Merkurberg liegt unterhalb des Kleinfingers. Er symbolisiert den Verstandesbereich. Er steht für wissenschaftliche Interessen und geistige Arbeiten.

Er steht für eine gute sprachliche Ausdrucksweise, für Reichtum und Ruhm, er bringt Einsicht in eine höhere Welt. Er macht Aussagen über Handel, Gewerbe und Erfindungen.

Im normal entwickelten, gut ausgeprägten Merkurberg liegt die Begabung und das Geschick für kaufmännisches Gelingen. Er gibt materielle Sicherheit und ein geistig erfülltes Leben.

Eine Überbetonung des Merkurberges deutet auf List und Lüge, auf Falschheit und Tücke. Merkur ist auch der Gott der Diebe. Er weist auf gewagte Spekulationen, auf Bankrott und Betrügereien.

Ein zu schwach oder gar nicht vorhandener Merkurberg läßt auf das Fehlen jeglicher Begabung für wissenschaftliche Tätigkeiten und Handeln schließen.

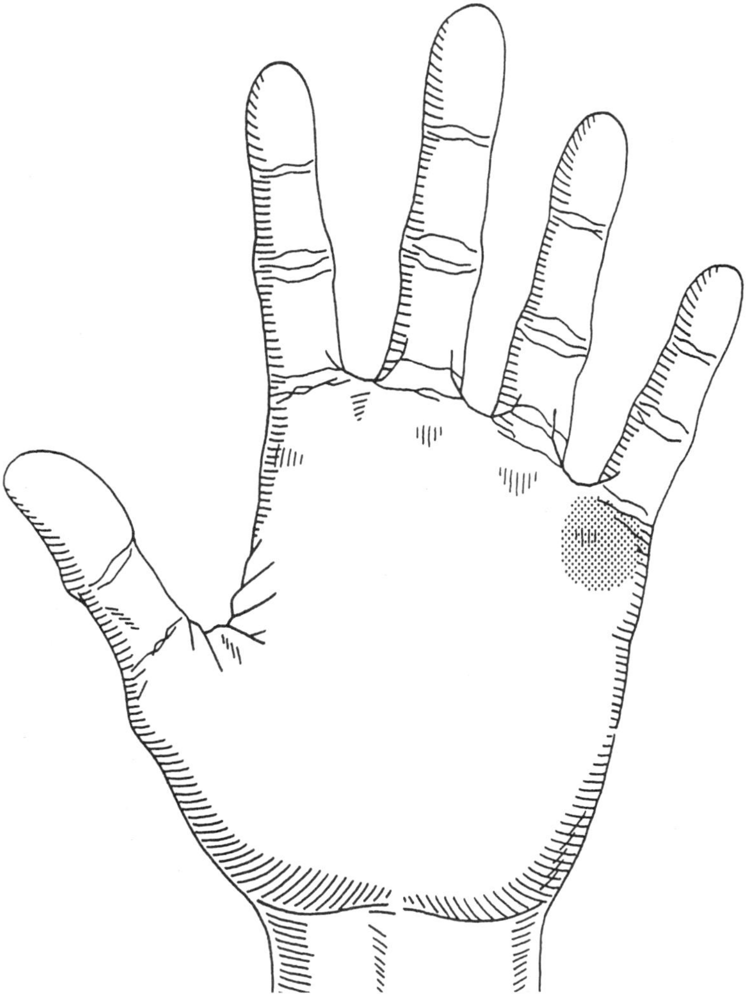

Merkurberg

Der Marsberg

Der Mars ist der Gott des Krieges. Er besitzt und gibt Mut, Kaltblütigkeit in Gefahrsituationen und edlen Stolz. Hingabe, Entschlossenheit und Widerstandskraft gehören auch zu seinen Eigenschaften. Er steht für Gemütsruhe und Ungestüm zur richtigen Zeit.

Der Marsberg befindet sich im Anschluss an den Merkurberg.

Eine normale Ausbildung des Marsberges zeigt Stärke und Mut, Energie und Tatkraft. Ein aktiver Mensch, der gut und zur richtigen Zeit zupacken kann.

Die Überbetonung des Marsberges deutet auf Schroffheit und Zorn, auf Herrschsucht und Tyrannei.

Ein Mensch mit einem zu stark ausgeprägten Marsberg neigt zu Ungerechtigkeit und Unverschämtheit.

Er beleidigt andere und fordert sie heraus. Ist der Berg zusätzlich dunkel und mit starken Furchen durchzogen, so weist er auf Brutalität und Grausamkeit. Dieser Handeigner kann regelrecht blutrünstig sein.

Ein ungenügendes Vorhandensein dieses Berges zeigt Feigheit, Mutlosigkeit und ängstliches Verhalten.

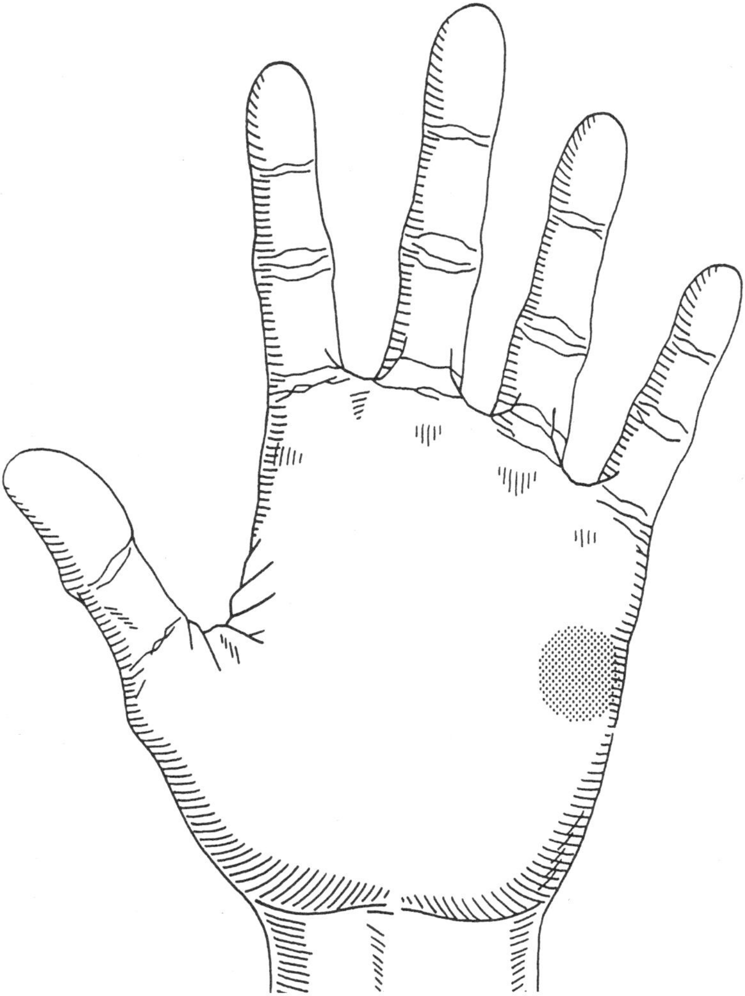

Marsberg

Der Mondberg

In der Chiromantie steht der Mond auch für das Meer, Ebbe und Flut, das Sinnbild der Launenhaftigkeit. Man nennt ihn auch den Berg der Fantasie.

Der Mondberg liegt oberhalb des Handgelenks. Er bringt Keuschheit, Liebe zur sentimentalen Poesie, Einsamkeitsliebe, Drang zum Mystischen und Schweigsamkeit. In ihm liegen Träumereien und Fantasie und die Sehnsucht nach einer anderen, einer besseren Welt.

Eine normale Entwicklung des Mondberges deutet auf ein gesundes Fantasievermögen. In der Überbetonung liegen Labilität und Launenhaftigkeit. Die Fantasie ist ungezügelt.

Oft ist diese Person grundlos verzweifelt, möchte alles verändern und ist mit nichts zufrieden. Aberglauben und Fanatismus sind ebenso vorhanden, wie Hysterie und die Neigung zu Migräneanfällen.

Ein nur schwach entwickelter Mondberg deutet auf Ideenlosigkeit und Nüchternheit.

Ist der Berg jedoch weich und breit, so weist er auf eine besondere, manchmal überwallende Gefühlsintensität hin.

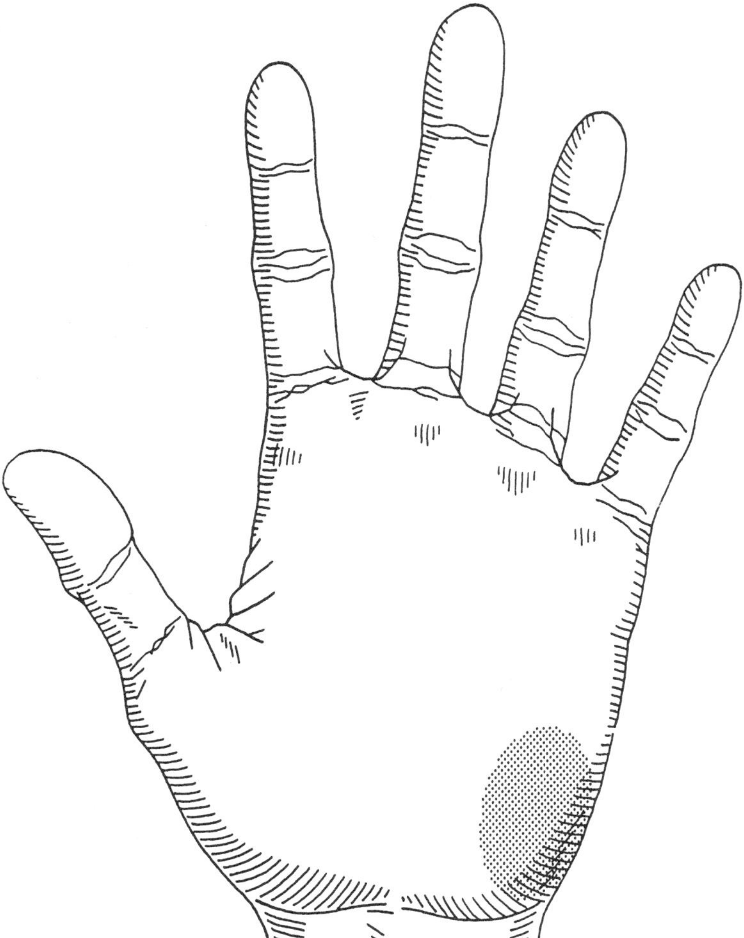

Mondberg

Die Handberge ganzheitlich gesehen

Unter günstigen Umständen vermitteln die Berge nicht ungedingt alle, aber doch einen Teil der angezeigten Eigenschaften und die Veranlagung zu den anderen.

Es genügt keinesfalls, die Berge im Einzelnen zu betrachten und zu deuten, man muss sie in der Gesamtheit sehen und das Verhältnis zu einander prüfen. Ist ein Berg ausgeprägter als die anderen, so können die übrigen ihre Eigenschaften nutzbringend in den Dienst jenes Berges stellen.

Ist zum Beispiel der Venusberg der am stärksten entwickelte, so wird das Liebesleben dieses Menschen die größte Bedeutung in seinem Leben haben.

Ein dominanter Jupiterberg, Sitz des Ehrgeizes, bedeutet unmäßigen Stolz und fast maßlosen Ehrgeiz. Die anderen Berge werden mit all ihren Anlagen dazu dienen, dieses Streben nach Macht und Ruhm zu erfüllen.

Ist der Marsberg der ausgeprägteste Berg, so verrät er Unternehmenslust und Tatkraft und die anderen werden ihn darin unterstützen. Bei einem Ästheten wird sich der Sonnenberg am stärksten zeigen. Dieser Schönheitssinn und das Streben danach, wird sich in allen anderen Bereichen ebenfalls bemerkbar machen.

Die Handlinien

Die Hand und ihre Linien

In der Handlesekunst gilt die größte Aufmerksamkeit den Handlinien.

Die Eigenschaften, die in den Linien aufgezeigt sind, richten sich nach deren mehr oder weniger ausgeprägten Beschaffenheit, nach der Kürze oder der Länge, nach einer starken oder eher blassen Färbung.

Es ist wichtig, auf all das ausführlich einzugehen.

Der Idealfall zeigt eine klar gezeichnete Linie, die leicht schwunghaft oder gerade über die Hand verläuft und eine rosige oder fleischfarbene Färbung und keine Unterbrechung aufweist.

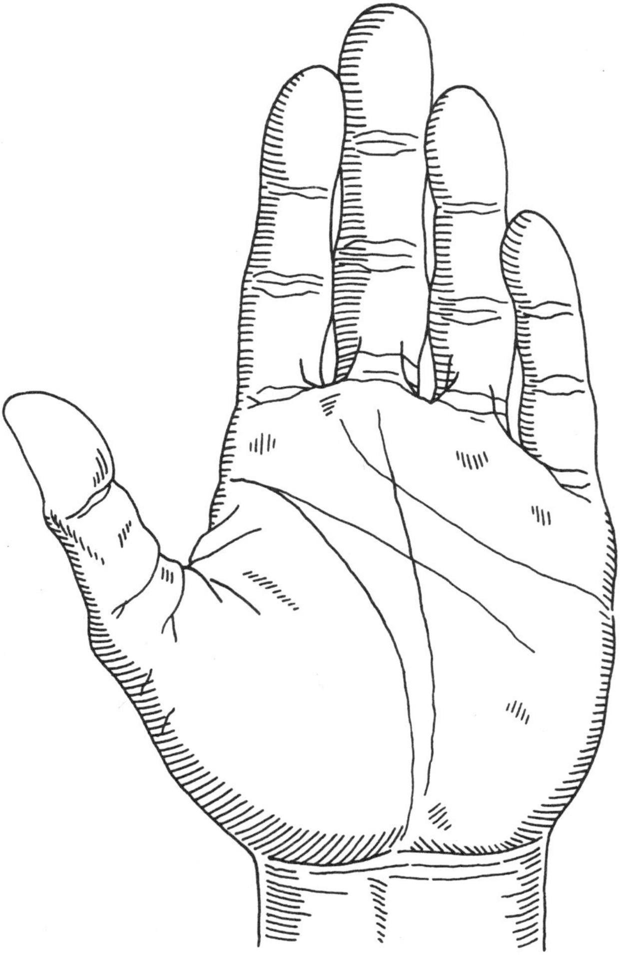

Verschiedene Formen der Linien

Die gewundene Form

Das Gegenteil zur geraden Linie ist die gewundene. Da eine gerade Handlinie im übertragenen Sinne auch auf Geradlinigkeit und Klarheit, Offenheit und ein ehrliches Wesen schließen lässt, so symbolisiert die wellenartige oder gewundene Linie das Gegenteil.

Sie steht für Unehrlichkeit und Misstrauen, für ein verschlossenes bis verschlagenes Wesen und für Schwäche.

Feine Linien

Feine Handlinien weisen auf Liebreiz und Anmut, auf Leichtigkeit, Lebhaftigkeit und feine Gefühlsempfindungen.

Breite Linien

Sie verkehren die Eigenschaften der feinen Linien ins Gegenteil, sie wirken sich belastend aus.

In breiten Linien liegt ein schwerfälliges und langsames Verhalten, sie vermitteln Trägheit und manchmal auch Triebhaftigkeit.

Sind die Linien gleichzeitig von einer blassen Färbung, sind Merkmale wie Neid und Missgunst angezeigt. Sie stehen auch für eine kränkliche Konstitution und für ein ungünstiges Schicksal.

Bei einer starken roten Färbung kann man von einer übermäßigen Brutalität ausgehen.

Tiefe Linien

Sie weisen auf Tatkraft und Ausdauer, auf Entschlossenheit und Durchsetzungsvermögen, auf Energie und Zielstrebigkeit hin. Widerstände werden überwunden, Probleme gelöst.

Schwache Linien

Diese Handlinien sind nur oberflächlich, was man im übertragenen Sinne als Schwäche auslegt. Sie haben keine Energie und keine Tatkraft.

Die Kettenlinie

Wie der Name schon sagt, erkennt man diese Linie an ihren Durchbrechungen, die aussehen wie Kettenglieder, die zwar miteinander verbunden sind, aber doch jedes Glied einzeln existiert.

Ein Mensch, der diese Linien aufweist, weiß nicht, welchen Weg er gehen soll. In gedanklicher und seelischer Hinsicht kreist er um sich selbst.

Dies bedeutet negative Auswirkungen im gesundheitlichen Bereich.

Die Kettenlinie symbolisiert also Krankeiten, die im geistigen und nervlichen Bereich liegen.

Das wiederum lässt oft auch die Organe krank werden. Charakterliche Merkmale sind Hemmungen und fehlende Entschlusskraft.

Die Parallellinien

Diese Linien sind kraftvoll und intensiv. Sie bestätigen die Aussage der entsprechenden Linie.
Sie vermitteln Energie und Zielstrebigkeit, im positiven und auch im negativen Aussagebereich.

Die Haarlinien

Man erkennt sie an den feinen Ausfransungen. Sie deuten auch auf „Ausfransungen" im kräftemäßigen Aussagebereich der entsprechenden Linie hin.

Die Gabelung einer Linie

In der Gabelung liegt eine Aufteilung der Kräfte, eine Reserve sozusagen.
Dieser Mensch möchte sich nicht bei einer Sache verausgaben.
Er ist vielseitig, hat eine gute Beziehung zu seiner Umwelt, seinen Mitmenschen und wird für seinen gesicherten Lebensabend sorgen.

Die Tönung der Linien

Eine rosige oder fleischfarbene Linie weist auf Ausgeglichenheit im Charakter, Lebensfreude und Sorgenfreiheit, auf eine optimistische Lebensanschauung und Gegenwartsbewältigung.

Die rote Linie steht für Gesundheit und Vitalität, für ein robustes Gemüt und Leidenschaft. Diese überschäumende Kraft kann übergehen in Brutalität.

Eine blasse Handlinie bedeutet das Gegenteil. Sie symbolisiert Schwäche und eine geringe Vitalität. Krankheiten können auftreten, das auferlegte Schicksal wird nur schwer bewältigt.

Eine gelbliche Tönung der Linie weist auf Stolz und ein zurückhaltendes Wesen. Sie geht oft einher mit einer Gallen- oder Leberanfälligkeit. Der Stoffwechsel wird dadurch gestört, und die Gallenstörung bringt eine gereiztes, zänkisches Wesen mit sich.

Sind die Linien bräunlich, so deutet das auf eine starke Gefühlsbetonung, die oft mit rachsüchtigem und nachtragendem Verhalten verbunden ist.

Eine eher bläuliche Färbung der Linie zeugt von schlechter Durchblutung und Müdigkeit. Dadurch resultiert ein schlechtes Durchsetzungsvermögen, es fehlt einfach die Kraft dafür.

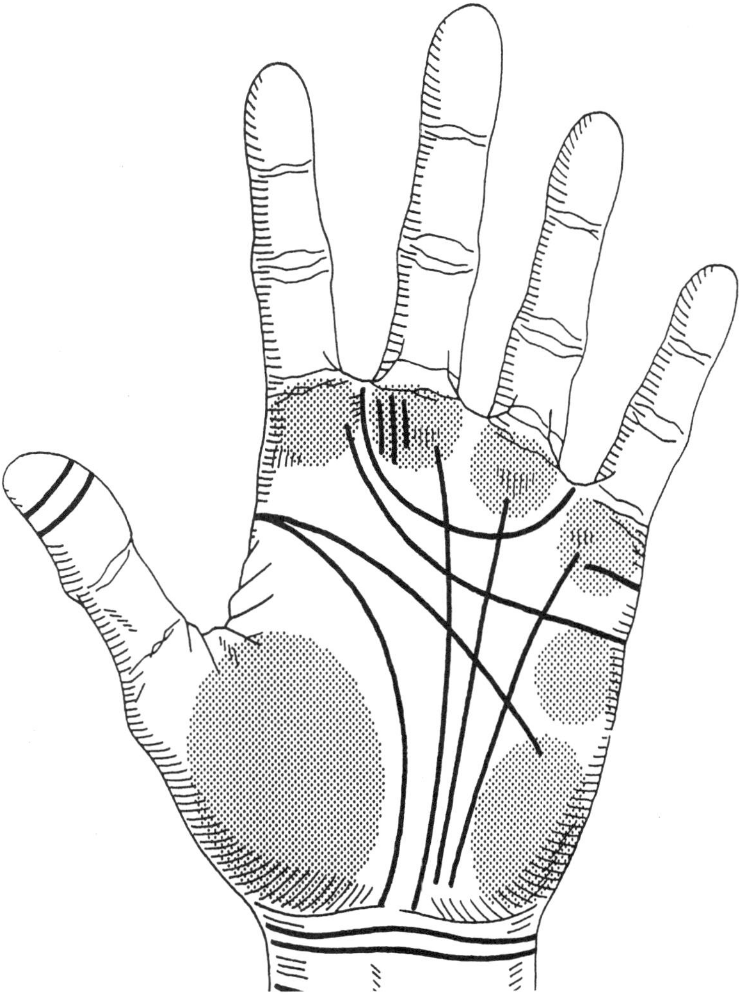

»Sprechende Hand«

Die verschiedenen Handlinien

Die Deutung der Handlinien ist mannigfaltig und auch für einen geübten Chiromanten nicht immer einfach.

Nur die Verknüpfung aller Aussagen der Gesamthand lassen eine mehr oder weniger klare Deutung zu.

Bei den Linien sollte immer zuerst der Anfang, dann die Verlaufsrichtung und dann das Ende der Linie Beachtung finden.

Der Anfang der Linie gibt Aufschluss über die Impulse, die im Charakter verankerten Veranlagungen und die Grundrichtung des Schicksals.

Der Verlauf der Linie zeigt den Weg, die Bewältigung der schicksalsmäßigen Lebensaufgaben.

Im Ende der Linie liegen die Ziele des Menschen, was er im Leben erreichen will, aber es zeigt auch das Ergebnis, das Erreichte.

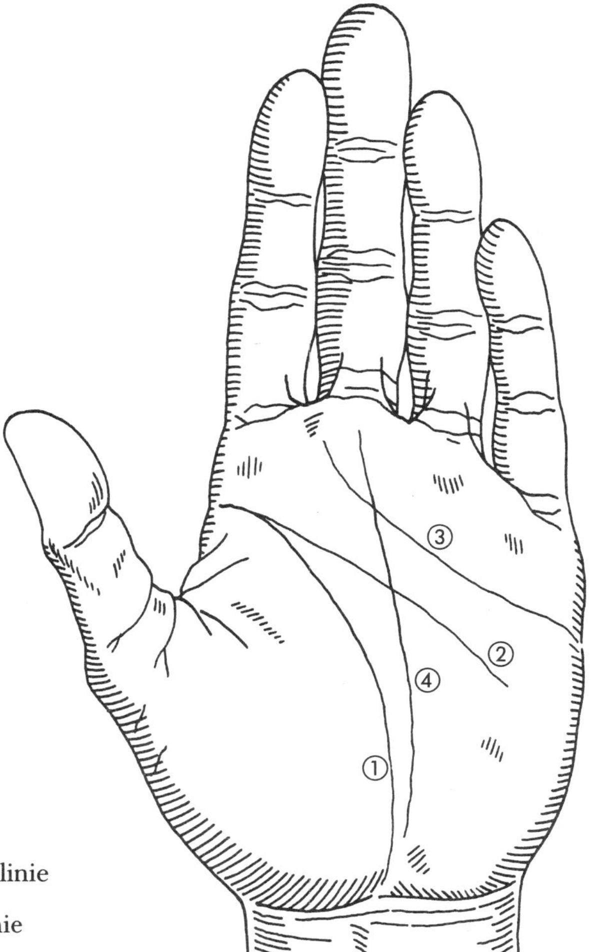

① Lebenslinie

② Kopflinie

③ Herzlinie

④ Schicksalslinie

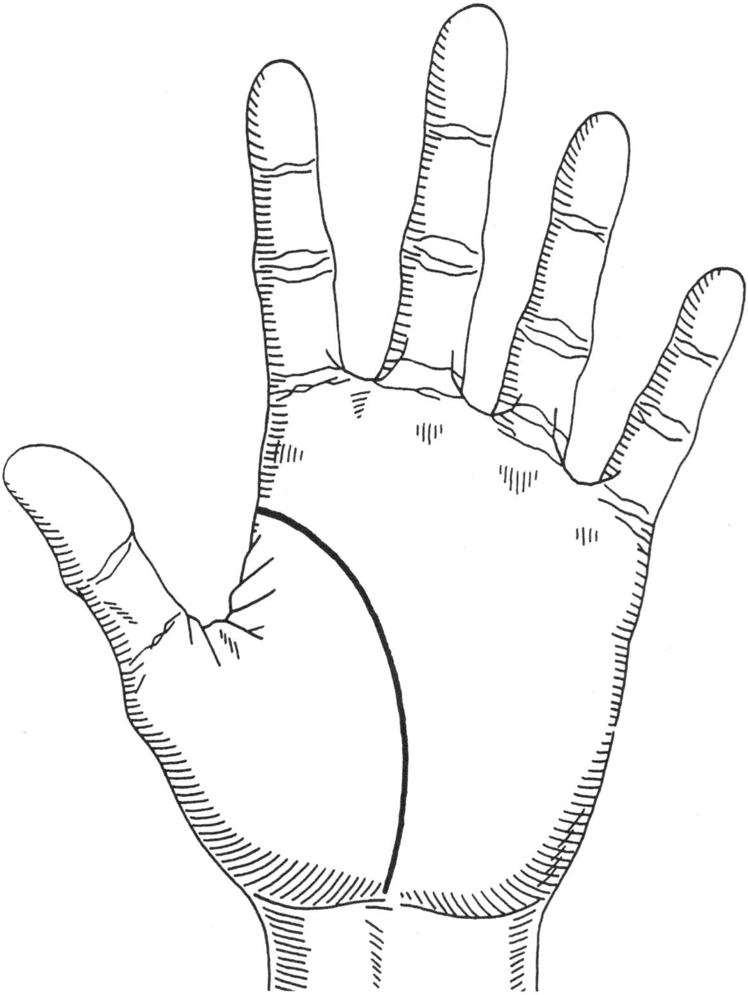

Lebenslinie

Die Lebenslinie

Die Lebenslinie liegt auf der aktiven Seite der Hand. Sie beginnt unterhalb des Jupiterberges, zwischen Daumen und Zeigefinger, und führt in einem Bogen um den Venusberg herum zum Handgelenk hin.

Sie gilt als lang, wenn sie bis nahe an die Handwurzel reicht, als kurz, wenn sie am oberen Teil des Venusberges endet. Je länger und klarer sie ist, desto lebenskräftiger ist die Konstitution dieses Menschen.

Im Anfang der Lebenslinie liegt der Lebensbeginn, die Geburt und die Jugend. Am Ende ist das Alter und der Tod. Dazwischen liegt das Leben in seinem vielfältigen Aussagebereich. Allerdings gehen einige Chiromantiker davon aus, dass in der linken Hand die ursprünglichen Wesensanlagen eines Menschen zu erkennen sind und, die rechte Hand Aufschluss darüber gibt, was der Mensch aus diesen Anlagen gemacht hat.

In der Lebenslinie liegt die Lebenskraft, die Vitalität, in ihr sieht man Gesundheit oder Krankheit, mögliche Krisen und Schicksalsauswirkungen, positive ebenso wie negative. Sie enthält Aussagen über materielle Sicherheiten, über häusliches Glück oder Unglück, über Freiheit oder Eingeengtheit, Entbehrungen und Wohlstand. Man kann sagen, dass die Lebenslinie die bedeutendsten, schicksalsentscheidenden Aussagen enthält.

Eine Lebenslinie die den Venusberg ganz umschließt, gut gezeichnet ist und eine rosige Färbung aufweist, verkündet ein langes und glückliches Leben.

Krankheiten kommen kaum vor, zumindest keine schweren. Dieser Mensch hat einen ausgeglichenen, guten Charakter.

Ist sie aber blass und sehr tief, lässt sie eine schlechte Gesundheit und Missgunst und Neid erkennen.

Bei einer breiten und tief eingezeichneten Linie machen sich ungünstige Auswirkungen bemerkbar. Sie gibt die gegenteilige Aussage der langen, gut gezeichneten Lebenslinie.

Eine kurze Lebenslinie bedeutet ein kurzes Leben.

Ist die Lebenslinie in der einen Hand gebrochen und in der anderen nur schwach gezeichnet, so deutet das auf eine schwere Krankeit hin.

Eine Lebenslinie,die in der einen Hand gebrochen ist und in der anderen ohne Unterbrechung weiterläuft, sagt aus, dass dieser Mensch eine fast tödliche Krankheit hatte und diese überwunden hat.

Bricht die Lebenslinie in beiden Händen ganz plötzlich ab, kann das ein Hinweis auf einen unerwarteten Tod sein.

Ein unterbrochene Lebenslinie, die dann aber doch weiterläuft deutet auf Krankheiten, die das Leben zwar gefährden, aber nicht zum Tod führen.

Eine doppelte Lebenslinie bedeutet ein Leben in Luxus.

Eine kettige und schlecht gezeichnete Linie weist auf eine mühsames und kränkliches Leben.

Eine dunkelrote und breite Linie gehört einem heftigen und teilweise auch brutalen Menschen.

Eine fahle Lebenslinie, die einige rote Flecken aufweist, bedeutet Zorn und blinde Wut.

Durchschneidet eine kleine Linie die Lebenslinie, sind Krankheiten oder zumindest Kopfschmerzen angezeigt.

Nach oben laufende kleine Ästchen werden als gute Schicksalsfügungen gedeutet.

Zweigen sie hingegen nach unten ab, zum Handgelenk hin, bedeuten sie Verluste in materiellen Bereichen.

Eine unregelmäßige Linie, d. h. an der einen Seite tiefer eingeprägt als an der anderen, künden von heftiger Leidenschaft und Launenhaftigkeit.

Ist sie am Anfang, nah dem Daumen gegabelt, zeigt sie Unentschlossenheit.

Zwei Äste an der Lebenslinie bedeuten zwei entgegengesetzt wirkende Kräfte, die sich aufheben.

Eine von Linien durchkreuzte Lebenslinie bedeutet Krankheit, Unglück und Arbeitswechsel.

Linien, die von der Lebenslinie ausgehen und aufwärts zum Saturn- oder Sonnenberg steigen, bedeuten immer verdienten Erfolg durch eigene Kraft.

Entspringen stärkere Äste aus dem Venusberg und durchkreuzen die Lebenslinie und andere Hauptlinien, so heißt das, dass Liebesbeziehungen durch das Schicksal zerstört werden.

Gehen von der Lebenslinie Äste bis zur Mitte der Kopflinie, weist dies auf Ehre und Reichtum.

Gabelt sich die Lebenslinie nahe an den Rascetten (dies sind die Linien, die von der Handwurzel übergehen in das Handgelenk) zeigt sie eine Lebensveränderung in einer bestimmten Zeit an.

Geht eine der gegabelten Linien zum Mondberg hin, deutet das auf Gicht und Rheumatismus.

Die Kopflinie

Die Kopflinie liegt in der aktiven Seite der Hand. Sie verläuft zwischen Daumen und Zeigefinger und ist am Anfang mit der Lebenslinie verbunden, die sie aber gleich wieder verlässt, um mehr oder weniger horizontal weiterzuverlaufen. Sie geht von der aktiven Handseite über in die passive, vom Ich-Bereich in den Du-Bereich.

In der Kopflinie liegt die Anlage zum Denkvermögen, Verstandeskraft, Kraft der Gedanken, Konzentrationsvermögen, Verstand, der Intellekt, logisches Denken und Durchsetzungskraft im geistigen Bereich, aber auch Krankheiten und Unfälle, die den Kopf betreffen, z. B: Bewusstseinsstörungen, Augenkrankheiten und auch Krankheiten oder Schädigungen des zentralen Nervensystems.

Eine lange Kopflinie, von rosiger Färbung, ohne Unterbrechungen und von leicht geneigtem Verlauf, bedeutet einen klaren Verstand, einen hellen Kopf, gute Urteilsfähigkeit und einen starken Willen. Ist die Linie gerade, sehr lang und endet im Plutoberg, ist sie ein Zeichen von Sparsamkeit, manchmal von Geiz. Sie signalisiert berechnendes Denken. Dieser Mensch kann ihm zugefügte Niederlagen oder Beleidigungen nicht vergessen. Endet diese Linie in der Handkante, kommen Egoismus und Rechthaberei sowie Herrschsucht und materieller Geschäftssinn hinzu.

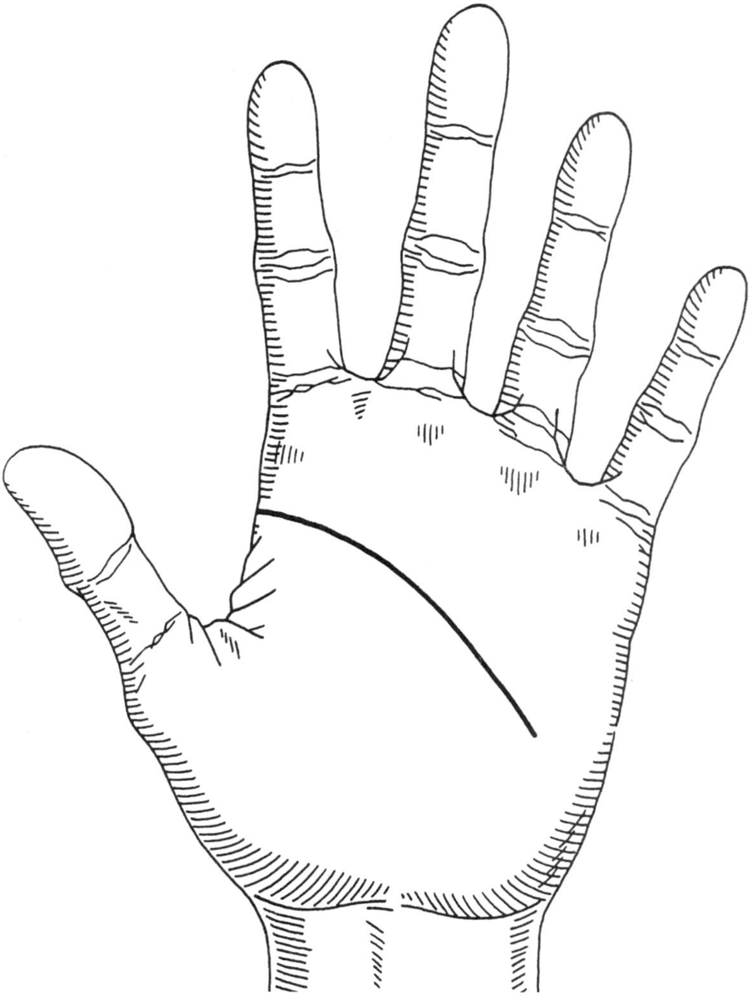

Kopflinie

Weist die Kopflinie am Ende eine Gabelung auf, bei der der eine Zweig im Plutoberg und der andere im oberen Mondberg endet, so ergibt sich daraus eine kombinierte Aussage. Es verbinden sich Realitätssinn, klares Denken und Willensstärke mit Fantasie, Gefühlsstärke und einer bildhaften Vorstellungskraft. Dadurch ergibt sich ein Ausgleich in Bezug auf die Gefühls- zur Gedankenwelt.

Die gleichen Aussagen ergeben sich, wenn die Gabelung zum Merkurberg hinläuft. Hinzu kommen Geschicklichkeit in Geschäften, manchmal auch Gerissenheit und Ausnutzung anderer in materieller Hinsicht.

Eine Kopflinie, die mit grazilem Schwung in den oberen Mondberg verläuft, deutet auf Selbstbewusstheit und Durchsetzungsvermögen im kreativen Denken, im idealistischen Wirkungsfeld.

Sinkt die Kopflinie zu sehr ab in den Mondberg, ist ein Mangel an Selbstbewusstheit und realem Empfinden vorhanden. Dadurch entsteht die Tendenz zu irrealen Träumereien. Luftschlösser werden gebaut, und wenn sie sich auflösen, kommt es zu Depressionen und Melancholie.

Beginnen Kopf- und Lebenslinie getrennt voneinander, liegt darin Selbstvertrauen, spontane Offenheit, aber auch schroffes Verhalten und voreilige Entschlüsse.

Herrschen Mars und Saturn bei einer unverbundenen Kopflinie vor, liegt darin eine übermäßige Kühnheit und unvorsichtiges Handeln.

Eine breite und blasse Linie weist auf einen Mangel an Umsicht und Verstand.

Eine Kopflinie, die in der Handmitte endet, zeigt mangelnde Konzentration, Willensschwäche, Unentschiedenheit, oftmals auch Geistesarmut. Endet diese Linie in der Marsebene, unterhalb des Saturnberges, weist sie auf ein kurzes Leben, eventuell auf einen gewaltsamen Tod hin.

Eine kettige Kopflinie verheißt unstetes Denken, fehlende Zielorientierung und Probleme mit den Mitmenschen. Verläuft die Kopflinie quer durch die Hand und neigt sich der Daumen bei geöffneter Hand zum Zeigefinger, lässt sich auf Habsucht, Geiz und Egoismus schließen.

Ist die Kopflinie unterhalb des Saturnberges in zwei übereinander liegende Stücke gebrochen, deutet das auf einen tödlichen Schädelbruch oder eine sonstige durch einen Unfall verursachte Kopfverletzung.

Eine dünne, lange und unscheinbare Kopflinie weist auf Unbesonnenheit und Zerstreutheit, auf mangelnde Konzentration und fehlende Sachlichkeit.

Die lange und stark gezeichnete Linie symbolisiert eine enorme Energie und Streitsucht.

Steigt die Kopflinie auf zur Herzlinie wird der Verstand und das sachliche Denken zu sehr von der Gefühlswelt beeinflusst. Daraus ergibt sich Unbesonnenheit.

Umgekehrt kann bei einer dominierenden Kopflinie die Gefühlswelt Schaden erleiden, da die Empfindungen durch den Verstand beherrscht werden.

Eine unklare, gewundene Kopflinie zeigt eine undeutliche, unklare Zielrichtung. Dieser Mensch möchte keine Verantwortung übernehmen, er ist unentschlossen und geht Auseinandersetzungen aus dem Wege. Es kann auch Unehrlichkeit hinzukommen.

Die breite Kopflinie lässt auf gewöhnliches, einfaches Denken schließen.

Eine Kopflinie mit vielen Unterbrechungen lässt keinen ungestörten Fluss der Kräfte zu. Ein Mensch, der sich ständig wieder neu mit seiner Umwelt auseinander setzen muss. Es mangelt ihm an Konzentration und Durchhaltekraft.

Durch diese Schwächen können sich Krankheiten des Kopfes durch Verletzung, oder nervlich bedingte Krankheiten einstellen.

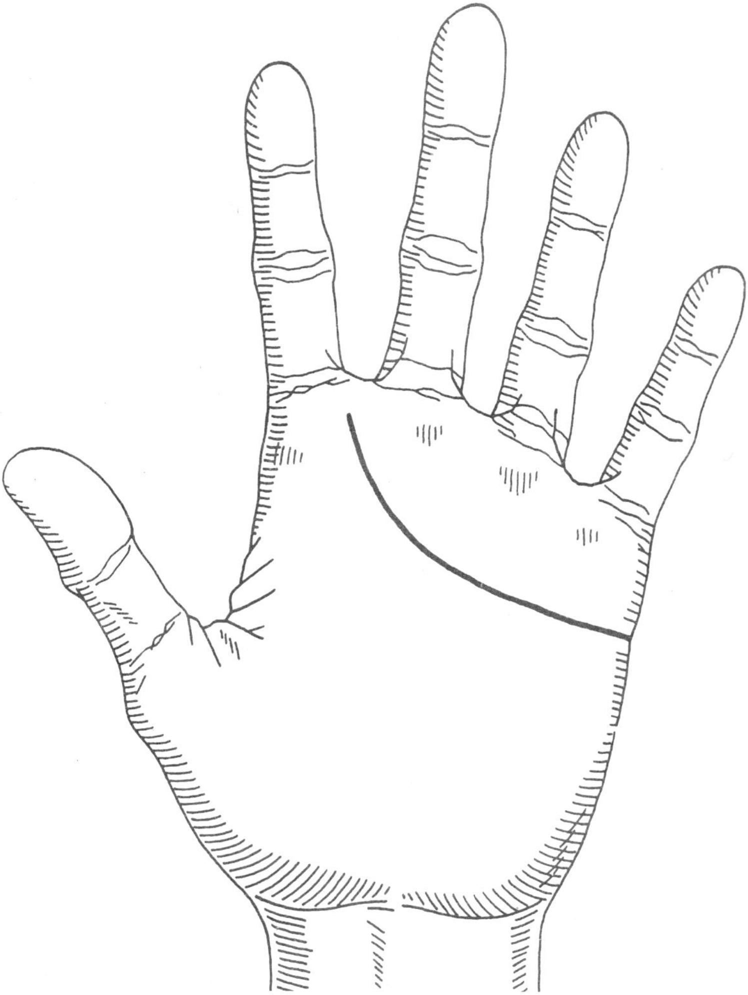

Herzlinie

Die Herzlinie

Die Herzlinie oder auch Jupiterlinie entspringt im passiven Teil der Hand und läuft am Fuß der Berge entlang, hinüber in den aktiven Teil, von der Du-Seite zur Ich-Seite. Sie empfängt die unterschwelligen Impulse des emotionalen und seelischen Bereiches.

Die Herzlinie symbolisiert das Verständnis und die Empfindungen zur Umwelt, die Kontakt- und Kommunikationsbereitschaft, Sittlichkeit und moralische Treue, Großzügigkeit, Zärtlichkeit, Erlebnisfähigkeit, Herzensgüte und die Fähigkeit zur Hingabe, die Intensität der Liebesempfindungen.

Die ideale Herzlinie ist klar gezeichnet und rosig, hat keinerlei Unterbrechungen oder Querstriche und endet verästelt und mit leichtem Schwung im Bereich des Jupiterberges. In ihr zeigt sich Herzensbildung, Güte, ein gutes Einfühlungsvermögen, gute und glückliche Liebesbeziehungen und Toleranz.

Eine Herzlinie, die keine Verästelungen am Ende aufweist und im Jupiterberg endet, bedeutet eine Verminderung der Gefühle und Herzenswärme. Es macht sich starker Ehrgeiz bemerkbar. Der Liebe wird weniger Leidenschaft entgegengebracht, die Partnerschaftsbeziehungen sind nicht so gut, wie sie nach außen hin dargestellt werden. Wenn die Herzlinie in einer Abwärtsneigung gegen die Kopflinie endet, besteht die Neigung zu übertriebener Ernsthaftigkeit, Zurückhaltung und die Tendenz, alles mit dem Kopf zu lösen und zu wenig auf die Gefühle zu achten. Dieser Mensch zeigt Härte und Eifersucht, was wiederum zu Depressionen führen kann.

Eine Vertiefung in der Herzlinie bedeutet Herzenskummer durch Verlust, vielleicht durch Trennung oder durch den Tod des Partners. Daraus entsteht eine Lebensumstellung.

Zeichen für seelische oder körperliche Störungen sind rote Punkte in der Herzlinie. Die breite Herzlinie weist auf sehr starke Sinnlichkeit und Leidenschaft und Probleme mit der Venentätigkeit.

Eine breite und tiefe Herzlinie zeugt von einer starken Selbstliebe und von überschwänglichen Gefühlen.

Eine bleiche und breite Herzlinie deutet auf Ausschweifung und Blasiertheit. In der Blässe zeigt sich ein Mangel an Kraft und Vitalität, in der Breite das Ausschweifende.

Ist die Herzlinie breit und rot, symbolisiert sie Heftigkeit und starke Besitzansprüche in Liebesbeziehungen.

Ein Mensch mit einer feinen und dünnen Herzlinie verliebt sich zwar, ist aber zu tiefen Gefühlen in einer Beziehung nicht fähig. Er ist oberflächlich und liebt sich selbst mehr als andere.

Ist die Herzlinie fein und tief, weist sie auf ein ausgeglichenes Gemüt, Ausdauer und Beständigkeit.

Sehr selten findet man eine doppelte Herzlinie. Diese Person lässt sich von ihren Gefühlen beherrschen. Die Emotionen werden ausgelebt. Überreizung und melancholische Anwandlungen bleiben nicht aus.

Zeigt die Herzlinie keine Verästelung und verläuft sie glatt, haben wir es mit einem in Herzensangelegenheiten anspruchlosen Menschen zu tun. In Gefühlsdingen ist er beherrscht und völlig unkompliziert.

Weist die Herzlinie oberhalb oder in ihre Richtungen Abzweigungen auf, ist das positiv zu werten. Es besteht eine optimistische und ausgeglichene Gefühlsempfindung.

Verlaufen die Abzweigungen unterhalb der Herzlinie, zur Kopflinie hin, zeigen sich negative Einflüsse auf die Gefühls- und Gedankenwelt.

Weist die Herzlinie entgegen ihrer Verlaufsrichtung Abzweigungen auf, ist dies ein schlechtes Zeichen. Es zeigt viele leidvolle Erfahrungen und starke Belastungen im seelischen Bereich. Einem Menschen mit einer gewundenen Herzlinie kann man in Gefühlsaussagen nicht immer glauben. Er kann sich sehr gut verstellen und ist nicht unbedingt treu.

Die kurze Herzlinie zeugt von Eifersucht und der Neigung zu Unbeständigkeit.

Wird die Lebenslinie durch von der Herzlinie kommende Ästen durchschnitten, ist das ein Hinweis auf familiäre Ereignisse und seelische Erschütterungen.

Sind am Anfang der Herzlinie, gegen ihre Verlaufsrichtung, kleine Linien zu sehen, ist das ein Zeichen für eine glückliche Wesensart, jugendliche Zuversicht und Wohlstand.

Eine Hand ohne Herzlinie, zeigt eine schwache Gesundheit, Gleichgewichtsstörungen und die Veranlagungen zu Herzkrankheiten.

Sie bedeutet auch Egoismus, nüchternes Denken und Sinn für Nützlichkeit. Der Kopf steht über dem Herzen.

Die Schicksalslinie

Die Schicksals- oder Saturnlinie kann an vier verschiedenen Punkten beginnen, und zwar von der Lebenslinie, der Marsebene, der Rascette oder vom Mondberg. Die Schicksalslinie beginnt an der Handwurzel und verläuft vertikal von unten nach oben bis in die Handberge. In dieser Linie liegt der Lebensweg des Menschen, seine Zielstrebigkeit und sein Schaffensgeist. Sie gibt uns Auskunft über Erfolge und Gelingen, über Probleme und Hindernisse, Einschränkungen und Lebensveränderungen. In ihr zeigt sich das Pflichtbewusstsein und der Durchsetzungswille, die Ausdauer und Zähigkeit und das soziale Verhältnis zur Umwelt.

Beginnt die Schicksalslinie in der Handwurzel, symbolisiert sie die ererbte Lebenskraft. Dieser Mensch hat Persönlichkeit und meistert sein Leben mit Elan. Er ist zwar gerne unabhängig, ist aber auch sehr sozial. Er legt Wert auf Sicherheit und Beständigkeit.

Geht diese Linie aber bis zur Wurzel des Mittelfinger und läuft in das dritte Fingerglied hinein, so weist das auf ein ungewöhnliches Verhängnis. Dieses Einwirkung des Schicksals kann sehr gut oder sehr schlecht sein.

Ein Beginn der Saturnlinie in der Lebenslinie zeigt Abnabelungsschwierigkeiten von dem Elternhaus, sei es aus Pflicht- oder Abhängigkeitsgefühl. Diese Behinderungen können aber

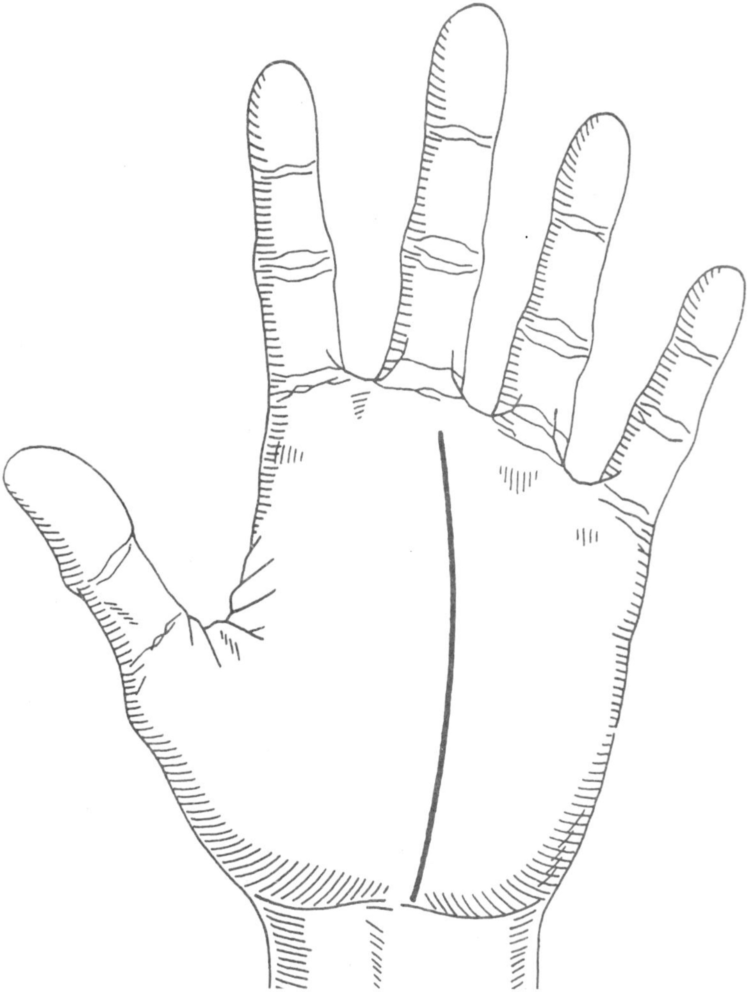

Schicksalslinie

überwunden werden. Dann steht einem aus eigener Kraft gemeistertem Leben nichts mehr im Wege, Erfolg stellt sich ein. Ein Beginn der Linie im Mondberg symbolisiert Eigenständigkeit, Intuition, es besteht keine Bindung an Tradition, vorgefasste Meinungen werden abgelehnt.

Liegt der Ausgangspunkt der Saturnlinie im Mondberg und steigt in gerader Richtung auf zum Saturnberg, verheißt das Glück durch Protektion.

Ein Beginn im Mondberg, in dem die Fantasie und Laune liegt, mit einer geraden und klaren Steigung und Auslauf in der Herzlinie, während die Herzlinie zum Jupiterberg geht, deutet auf Glück. Der Anlass zu diesem Glück entsprang aus einer Laune heraus und hat eine glückliche Liebe zur Folge.

Hat die Schicksalslinie ihren Ursprung sehr tief im Mondberg, symbolisiert das unklare Stimmungen, ein unruhevolles und wechselhaftes Leben.

Eine Saturnlinie, die gerade aufsteigt und voller Äste verläuft, bedeutet langsam erreichten Wohlstand. Jeder einzelne Zweig steht für eine Sprosse der Leiter zum Reichtum.

Ein Beginn der Saturnlinie im Wirkungsfeld des Plutos, zeigt Durchsetzungskraft und Energie. Ein Mensch, der sein Leben aus eigener Kraft bewältigt und sich selbst verwirklicht.

Eine Schicksalslinie die im Bereich des Marsfeldes ihren Ursprung hat, gehört einem Handeigner, der sich seinen Lebensweg erkämpfen muss. Dies bringt Sorgen, Mühen und Enttäuschungen mit sich.

Gelingt es diesem Menschen, durch Einsicht und Erkenntnis die Wirklichkeit zu akzeptieren, dann wird ihm die Einordnung in die Gemeinschaft keine Probleme mehr machen. Er gewinnt dadurch die Möglichkeit, sein Leben besser und auch positiver zu bewältigen.

Beginnt die Saturnlinie auf der Kopflinie, zeugt das von Erfolgen im Leben, die durch Verstand, Durchsetzungskraft und viel Arbeit erreicht werden, allerdings erst im reiferen Alter.

Wenn die Schicksalslinie auf der Herzlinie beginnt, werden die Ziele im Leben durch Hilfe und Förderung durch das andere Geschlecht erreicht.

Die Endung der Linie an der Kopflinie bedeutet unkluges Handeln und Irrungen, die Möglichkeiten werden falsch eingeschätzt und dadurch werden die Ziele im Leben nicht immer erreicht.

Ein Ende an der Herzlinie bedeutet Leichtsinn. Die Triebe werden leidenschaftlich ausgelebt, unüberlegte Affären werden angezeigt.

Verläuft die Saturnlinie in die Herz- oder Kopflinie und nimmt eine der beiden deren Verlauf auf, wirkt sich dies positiv aus. Bei der Kopflinie deutet das auf Konzentrationsfähigkeit, Durchsetzungsvermögen und Entschlusskraft. Das Leben wird gut bewältigt.

Nimmt die Herzlinie die Saturnlinie in ihren Verlauf auf, weist dies auf seelische Erfüllung im Leben. Wenn in dieser Konstellation vom oberen Teil der Lebenslinie aus, eine Linie, die sogenannte Finanzlinie, bis zur Wurzel des Saturnfingers aufsteigt, bedeutet das verstärktes Bestreben zu einer selbstständigen Tätigkeit, oft in außergewöhnlichen Berufen.

Ein Ende der Schicksalslinie im Venusgürtel, weist auf starke seelische Erregungen. Das Nervensystem ist überlastet, es treten Neurosen und Nervenleiden auf.

Eine Endung am Saturnring symbolisiert Pessimismus und Depressionen.

Die Schicksalslinie kann auch im Jupiterberg ihr Ende haben. Dann ist starker Ehrgeiz und das Streben nach Ruhm, Ehre und Wohlstand angezeigt.

Eine zweifache Schicksalslinie steht für doppelten Erfolg. Eine gleichzeitig gewundene und dünne Linie lässt auf Widersprüchlichkeiten im Charakter schließen.

Die mehrfach gezeichnete Saturnlinie gibt die Möglichkeit zu mehreren Berufen, die auch alle realisiert werden können. Solch ein Mensch besitzt Flexibilität und Vielseitigkeit.

Weist die Saturnlinie Unterbrechungen auf, muss das keine schlechte Bedeutung haben. Es ist durchaus möglich, dass sich durch häufigeren Arbeitswechsel Aufstiegchancen ergeben, dies vor allem dann, wenn sich die Linie nach der Unterbrechung seitlich verschoben zur Daumenseite fortsetzt.

Verläuft sie nach der Unterbrechung zur anderen Seite, zur Kleinfingerseite fort, erfolgt ein Neubeginn, der durch eine Neuorientierung im geistigen Bereich resultiert.

Sind Brüche und Unterbrechungen vorhanden, können sie, auch bei negativer Handdeutung, auch nur auf Störungen und bestimmte Ereignisse hindeuten.

Ist die Saturnlinie aus vielen kleinen Strichen zusammengesetzt, lässt das auf Entschlusslosigkeit und fehlende Beständigkeit, Existenzangst und verpasste Gelegenheiten schließen.

Eine gewundene Saturnlinie zeigt Störungen und belastende Probleme.

Aus der Linie aufsteigende Äste stehen für Talente und Begabungen, die sich verwirklichen lassen.

Ist sowohl die Saturnlinie wie auch die Herzlinie sehr kurz, weist das auf einen frühen Tod.

Endet die Saturnlinie mit einer Gabelung so kündet dies von einem glücklichen Alter.

Weist sie einen Stern oder einen Kreis auf, ist das ein böses Zeichen.

Die wichtigsten vier Handlinien, die Hauptlinien bilden zusammen das große M der Chiromantie. Es ist in jeder Hand zu finden.

Die Lebenskraft, die Denkkraft, der Verlauf des Schicksals und die Gefühlskraft werden anhand dieser Linien gedeutet.

Aber es gibt noch mehr Handlinien, die die Aussagen der Hauptlinien deutlicher machen können, die zu einer klareren Aussage führen.

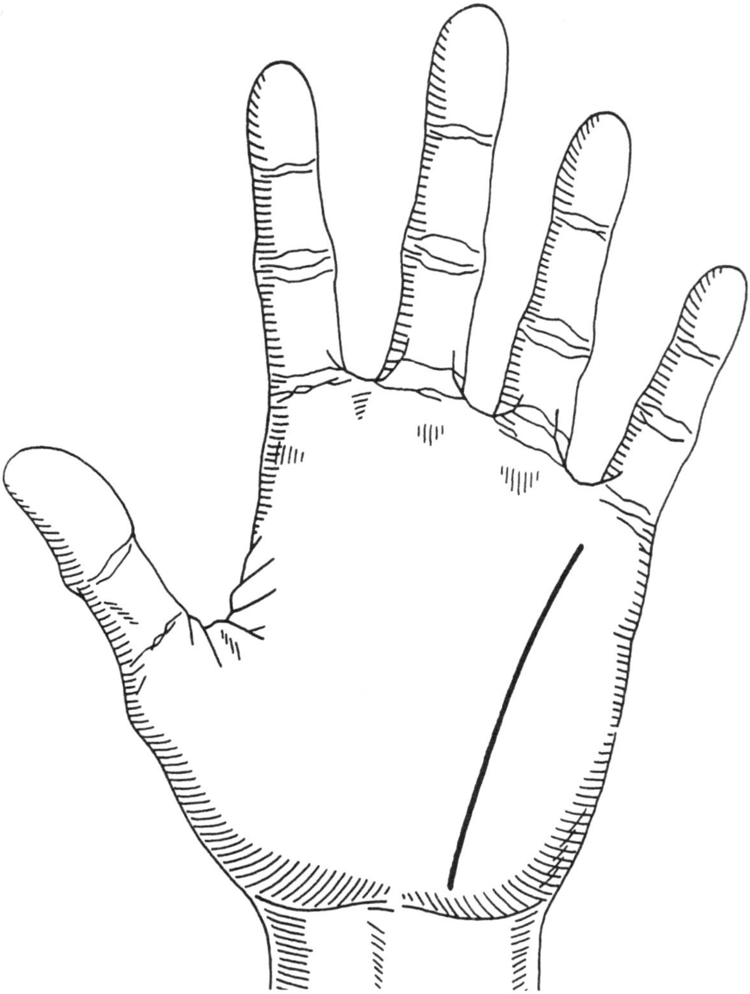

Gesundheitslinie

Die Gesundheitslinie

Diese Linie hat ihren Ursprung meistens in der Handwurzel, nahe der Lebenslinie und steigt auf zum Merkurberg.

Eine lange, kräftige, klare und gerade Linie verheißt Gesundheit und Vitalität, ein gutes Gedächtnis und Selbstbewusstsein.

Die schmale und schwache Linie gilt als Zeichen von zarter Konstitution und einer schwachen Gesundheit.

Eine gebrochene, zerschnittene Gesundheitslinie weist auf Krankheiten.

Eine kräftige Gesundheitslinie, die bis zu den Fingerbergen läuft, bedeutet Gesundheit bis ins hohe Alter.

Inseln, die auf der Gesundheitslinie liegen, zeigen chronische Krankheiten an.

Die breite und durchschnittene Linie lässt auf Krankheit im Alter schließen.

Geht die Gesundheitslinie vom Mondberg aus und läuft bogenförmig zum Merkurberg hin, gehört sie einem Menschen mit Intuition, Ahnungen und Vorgefühlen.

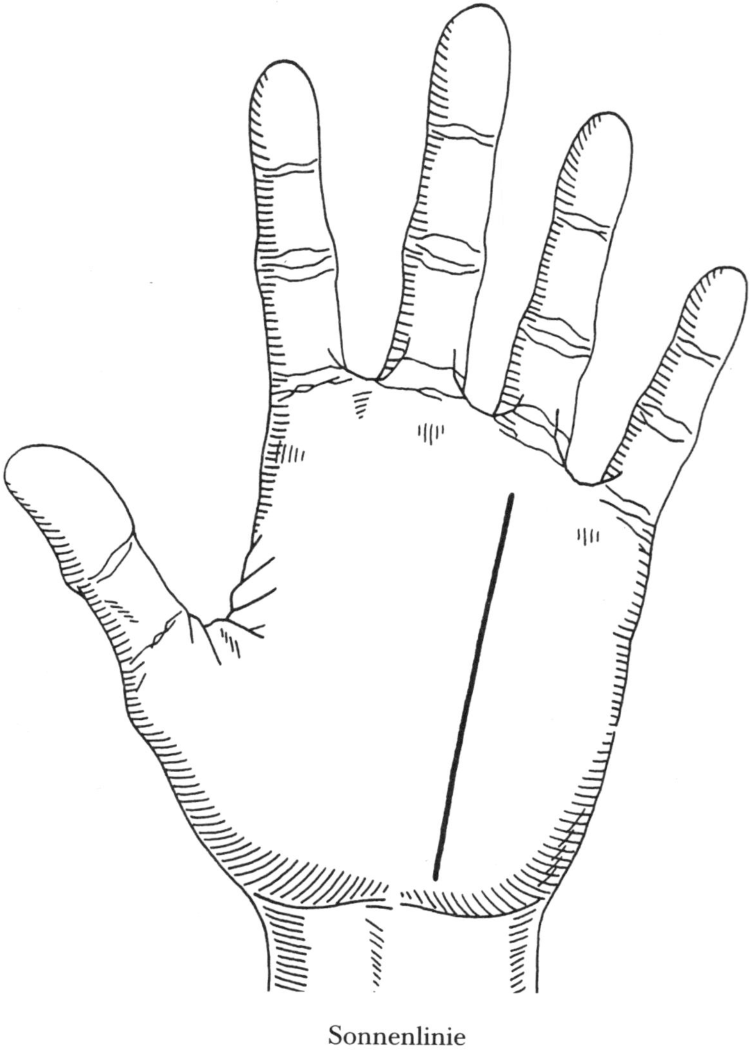

Sonnenlinie

Die Sonnenlinie

Sie beginnt entweder in der Handwurzel der Lebenslinie oder im Mondberg und und verläuft zum Sonnenberg hin. Nicht jede Hand weist eine Sonnenlinie auf.

Wenn sie aber vorhanden ist, so ist sie ein sehr gutes Vorzeichen, denn in ihr liegen Ehre und Ruhm, Erfolg und die Liebe zur Kunst.

Sie kann die Schicksalslinie unterstützen. Wenn beide vorhanden und gut ausgeprägt sind, so ist das ein Zeichen von Glück.

Eine kräftige, lange und gerade Sonnenlinie, die in den Sonnenberg hineinläuft, finden Sie in der Hand eines Erfolgsmenschen. Er wird Ruhm und Reichtum erlangen.

Eine so gezeichnete Linie kann sogar die negativen Aussagen der Schicksalslinie aufheben oder sogar umkehren in ihr Gegenteil.

Ein Mensch ohne Sonnenlinie wird nur mit den allergrößten Schwierigkeiten zu ein bisschen Erfolg gelangen.

Eine Sonnenlinie, die sich im Bereich des Apolloberges in mehrere kleine Linien teilt, lässt es auf Überschwang und Ungestüm in künstlerischen Bereichen schließen.

Querlinien, die auf diesem Berg auftreten, bedeuten Schwierigkeiten und Hemmungen im künstlerischen Arbeiten. Trotz vieler Anstrengungen wird nichts erreicht.

Der Beginn der Sonnenlinie im Venusberg steht für Erfolge beim anderen Geschlecht und für künstlerische Begabung.

Erfolg durch geistiges Arbeiten symbolisiert eine Sonnenlinie, die in der Kopflinie entspringt.

Ein zum Venusberg abzweigender Ast verheißt Erfolg und Ansehen durch das andere Geschlecht.

Ein Ast zum Jupiterberg deutet auf hohes Ansehen und ein Ast zum Merkurberg auf Reichtum.

Die unterbrochene Sonnenlinie bedeutet ein glückliches Leben, das auch Mühen mit sich bringt.

Eine Sonnenlinie, die am Ende drei Äste aufweist, zeugt von großem Erfolg, Ehre und Ansehen.

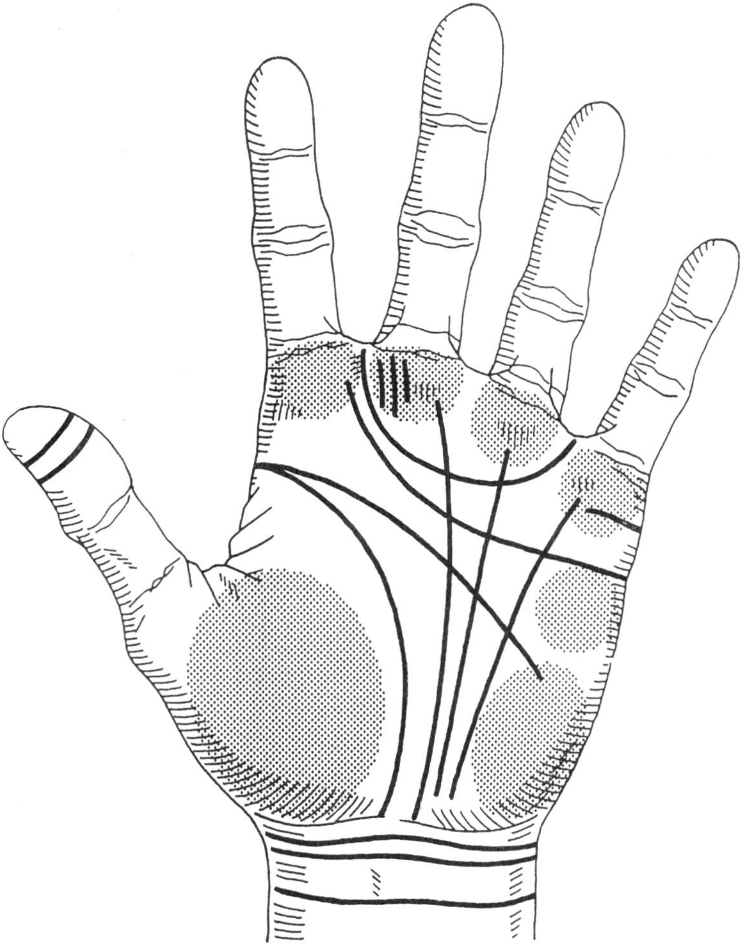

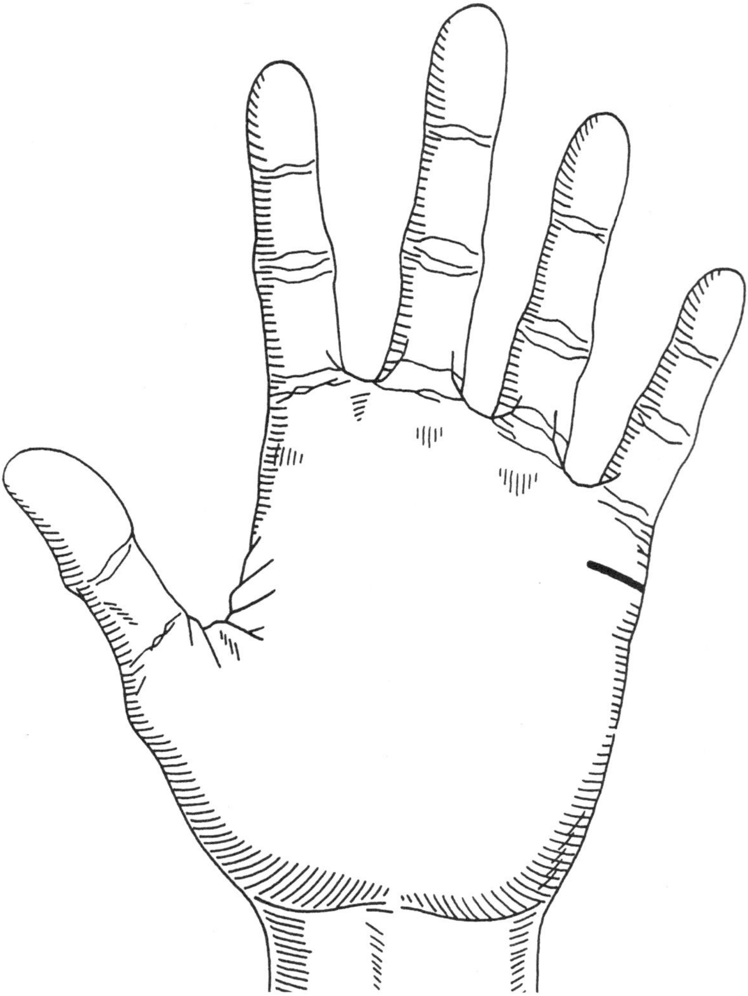

Heiratslinie

Die Heiratslinie

Zu finden sind die Heiratslinien zwischen dem kleinen Finger und der Herzlinie.

Mehrfache Linien stehen für mehrfache Ehen.

Eine gerade und klar gezeichnetet Heiratslinie symbolisiert eine gute und glückliche Ehe.

Zweigt ein Ast nach oben ab, dann gelangt dieser Handeigner durch die Ehe in eine bessere Lebenssituation.

Die nach unten abzweigende Linie verheißt Affären, während eine kettenförmige Heiratslinie auf Streitigkeiten in der Ehe weisen.

Ist die Heiratslinie unterbrochen, sieht man darin die Scheidung einer Ehe.

Die Anzahl der Kinder werden durch kleine Linien oder Striche am Merkurberg angezeigt.

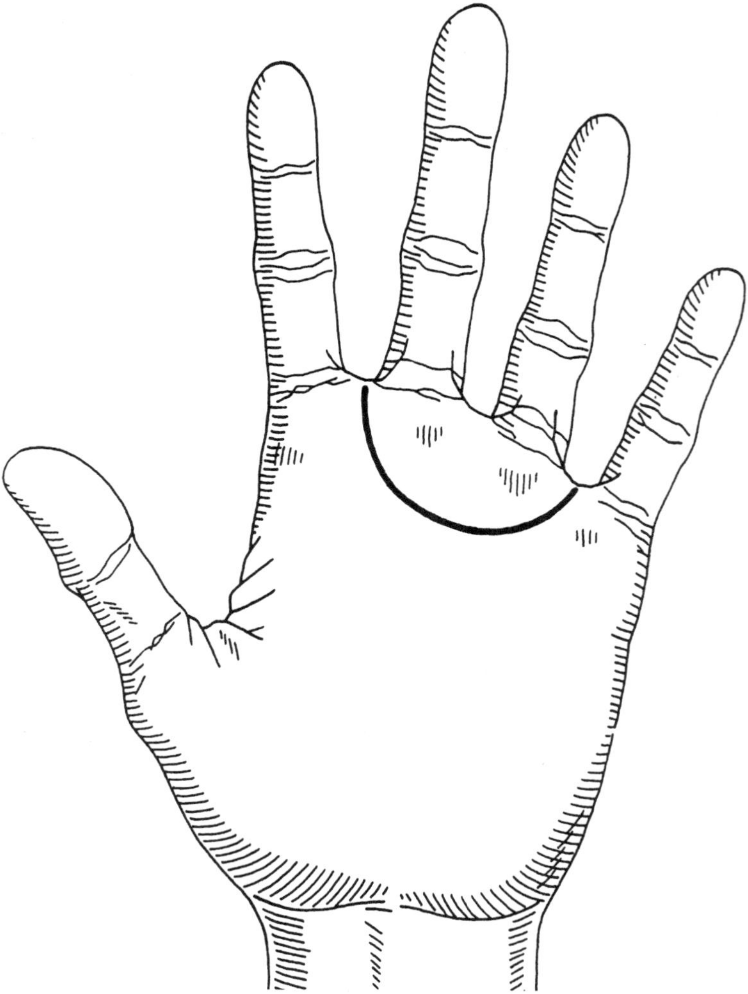

Venusgürtel

Der Venusgürtel

Die Linie des Venusgürtels entspringt zwischen Jupiter- und Saturnfinger, bildet einen Halbkreis und endet zwischen Ring- und Kleinfinger. Er umschließt den Saturn- und den Venusberg und beinhaltet Verhängnis und Licht.

Bei der Deutung des Venusgürtels muss in gesteigertem Maß die Aussage der gesamten Hand mit einbezogen werden. Saturn und Venus beinhalten gegensätzliche Aussagen, wodurch dem Venusgürtel eine sehr starke Bedeutung im schicksalsverhafteten Lebenslauf zukommt.

Der Saturnberg steht für irdische, reale und nüchterne Sachlichkeit, der Venusberg für Sehnsüchte, Hoffnungen und Glückserwartungen.

Ein durchgehend gezeichneter Gürtel beinhaltet sowohl glückliche Momente und Seelenzufriedenheit, als auch egozentrischen Egoismus und berechnende Gefühlskälte.

Diese krassen Gegensätze führen oft zu Resignation und Gefühlsabstumpfung.

Ein offener Venusgürtel, in den die Venus- oder die Saturnlinie einlaufen kann, entkrampft diese Situation. Die Aussagen von Venus und Saturn erfahren eine Harmonisierung.

Durchquert die Finanzlinie den Venusgürtel, lässt dies auf größere finanzielle Ausgaben schließen.

Wird die Saturnlinie vom Venusgürtel durchschnitten, deutet das auf unruhige Impulse im sexuellen Bereich. Dadurch geht die Zielstrebigkeit verloren und es treten Probleme und Schwierigkeiten in Beruf und Karriere auf.

Durchschneidet der Venusgürtel die Venuslinie, verstärken sie die Venusentsprechungen im negativen Bereich. Eine Übersensibilität geht einher mit regelrechten Gefühlswallungen. Dies führt zu einem extremen Liebesverlangen, sexuelle Triebe werden leidenschaftlich ausgelebt, die Gier nach Luxus führt zu Übersättigung. Durch ein überreiztes Nervensystem kommt es zu Hysterie.

Stößt die durchbrochene Linie des Venusgürtels an die Saturnlinie, d. h. sie wird angehalten, so werden die triebhaften Aussagen des Gürtels durch Verantwortung kontrolliert.

Hält die Venuslinie den Gürtel an, symbolisiert dies Daseinsfreude und Erfüllung im Liebesleben.

Wird die Merkurlinie durch den Gürtel geschnitten, schließt man auf sinnliches Verlangen und Aufgeschlossenheit im sexuellen Bereich.

Ein zersplitteter Venusgürtel mit sich überlagernden Linien, ist sehr negativ zu werten. Überlagerungen im Bereich der Fingeransätze bedeuten starke sexuelle Erregbarkeit, die in Perversion ausarten kann.

Verlagerungen nach unten zur Herzlinie, lassen auf zu starke Gefühle und Empfindungen schließen.

Dieser Handeigner ist immer unruhig, nichts kann ihn befriedigen.

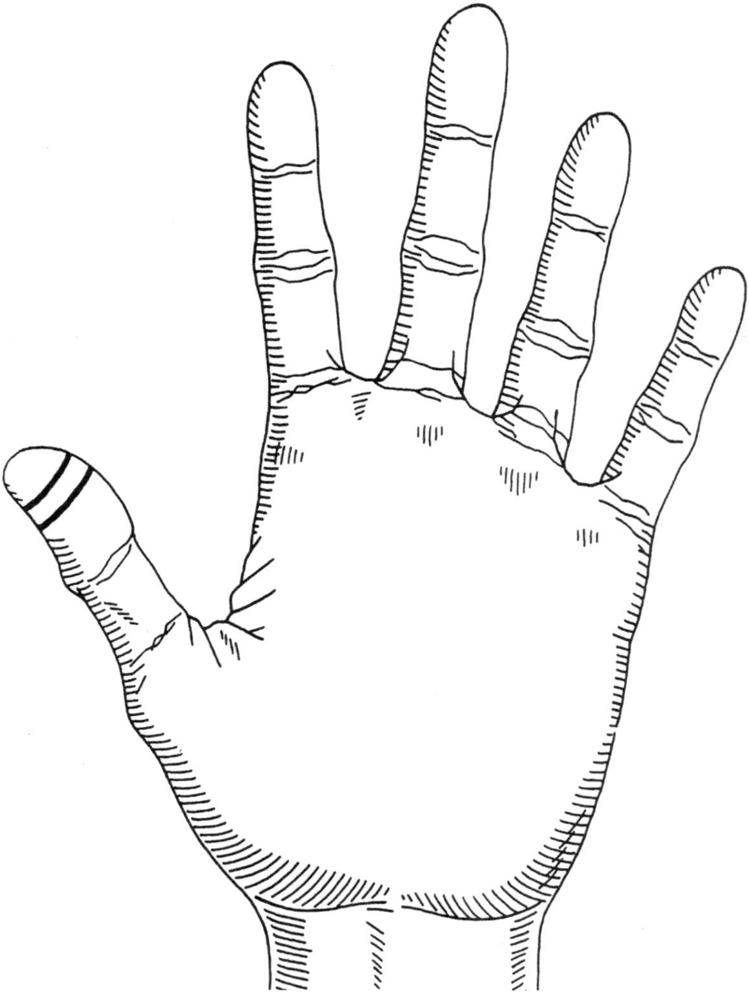

Todesgürtel

Der Todesgürtel

Wie schon der Name vermuten lässt, ist der Todesgürtel ein sehr unheilvolles Zeichen.

Zum Glück findet man ihn in den wenigsten Händen.

Gebildet wird er durch zwei Linien am oberen Daumenglied, aber nicht zu verwechseln mit den Linien, die durch die Biegung des Gliedes entstehen.

Er kennzeichnet den Verbrecher oder diejenigen, die durch Gewalt ihr Leben verlieren.

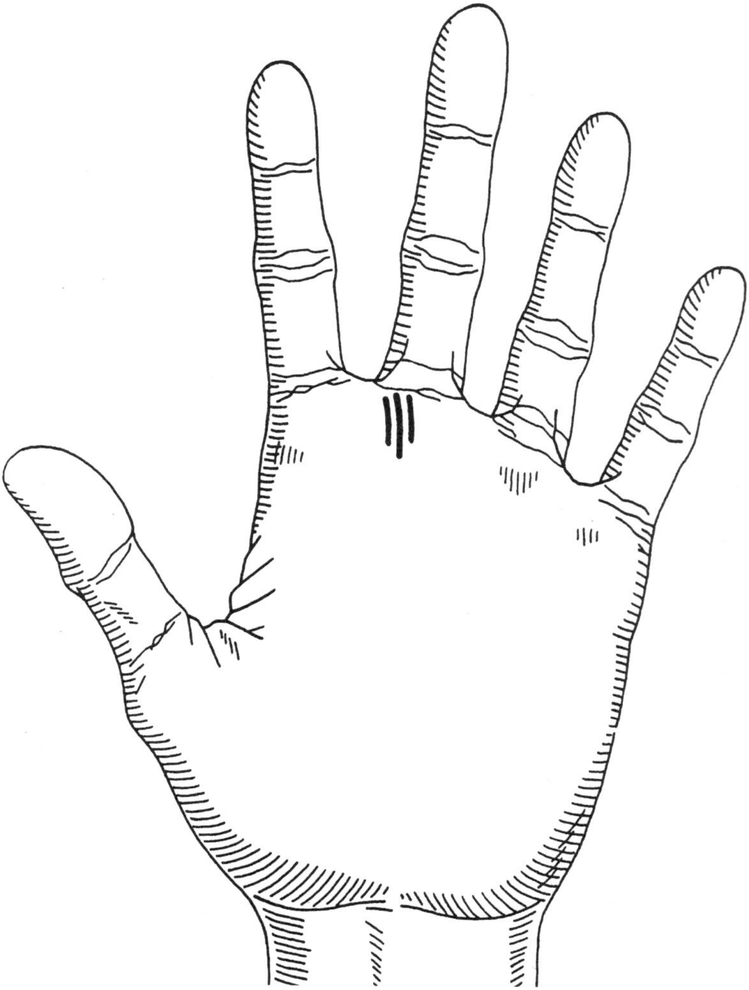

Finanzlinien

Die Finanzlinie

Unterhalb des Saturnfingers liegen die Finanzlinien. Sie können ganz unterschiedliche Formen aufweisen.

Meistens verlaufen sie senkrecht, manchmal aber auch schräg. Sie können mit der Herzlinie verbunden sein oder alleine oberhalb der Herzlinie stehen.

Normalerweise steigt die Finanzlinie aufwärts zur Wurzel des Merkurfingers und ist tief und klar gezeichnet. In diesem Fall bedeutet das finanzielle Sicherheit. Es ist nicht unbedingt Reichtum vorhanden, aber ein finanzieller Rückhalt und dadurch auch Unabhängigkeit.

Findet man unterhalb des Merkurfingers mehrere Linien nebeneinander, ist das ein Anzeichen für Schwierigkeiten und Sorgen finanzieller Natur.

Diese können bereits überwunden sein, möglicherweise liegen sie auch erst in der Zukunft. Ist von diesen Linien eine stark ausgeprägt und weist dazu die Lebenslinie am Fuß eine Gabel auf, kann zumindest im Alter eine finanzielle Sicherheit erreicht werden.

Werden die Finanzlinie von einer anderen Linie gekreuzt, bzw. davon aufgehalten, dann hat dieser Handeigner schon einige finanzielle Rückschläge erleiden müssen.

Laufen die Finanzlinien aber über diese Kreuzung hinaus, wird er sich immer wieder von diesen Verlusten erholen.

Schneiden die Finanzlinien in der Hand einer Frau die Herzlinie und laufen weiter bis zur Lebenslinie, kommt sie sehr wahrscheinlich selbst für ihren Unterhalt auf.

Finden sie in einer Frauenhand zwei gleich starke Finanzlinien, bedeutet dies zwei Einkommen. In den meisten Fällen ihr eigenes und das ihres Mannes oder Lebensgefährten.

Eine aufwärtssteigende, verästelte Finanzlinie lässt darauf schließen, dass die finanzielle Lage mit der Zeit immer besser und sicherer wird.

Eine unter dem Venusfinger beginnende Linie, die die Finanzlinien schneidet, verheißt finanzielle Verluste, die durch Hinterlist und Betrug durch Freunde, Bekannte oder den Ehepartner verursacht wurden.

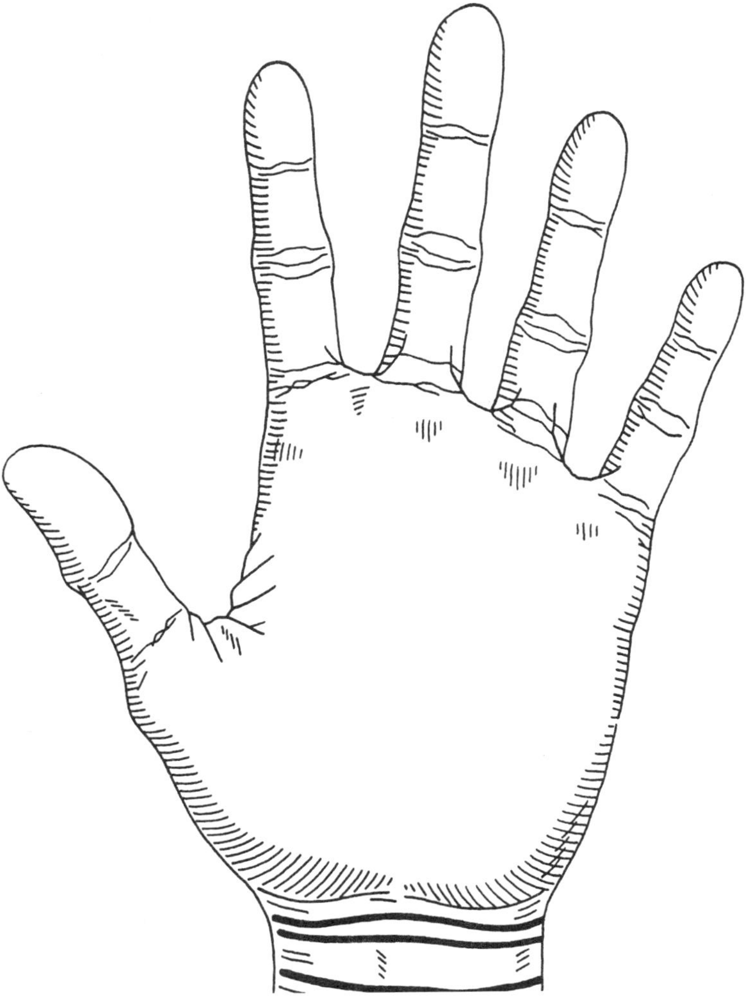

Rascetten

Die Rascetten

Die Rascetten sind die Linien, die wie ein Armband das Handgelenk umschließen. Jede Linie steht für etwa 25 bis 30 Jahre. Man kann damit in etwa die Lebenserwartung eines Menschen deuten.

Aus den Rascetten kann man aber auch auf gewisse Schicksalseinflüsse schließen.

Lange, gut gefärbte und gezeichnete Linien deuten auf ein glückliches Leben und Gesundheit.

Schmale und blasse Linien weisen auf eine gesundheitlich labile Konstitution hin.

Kettenformen verheißen Probleme und Schwierigkeiten, zeigen sich Verästelungen Richtung Mondberg, werden oft und gerne Reisen unternommen.

Verästelungen zum Venusberg weisen auf ein vitales Liebesleben.

Verschiedene Zeichen

Auf den Linien und Bergen in einer Hand, können gewisse Zeichen vorhanden sein, die in der Deutung unbedingt berüksichtigt werden müssen, da sie die vorhandenen Aussagen verändern.

Ein Zeichen, das alleine steht, kündet eine Ereignis an, findet man das Zeichen auf einer Linie, müssen beide Bedeutungen miteinander verknüpft werden.

Ein Kreis steht für Erfolg.

Ein Quadrat will uns warnen.

Ein senkrechtes Kreuz zeigt einen Abschluss.

Ein diagonales Kreuz ist ein gutes Zeichen.

Inseln stehen für Unterbrechungen.

Ein Stern signalisiert Gefahr.

Ein Gitter weist auf Schwierigkeiten und Probleme.

Ein Haken kündet von plötzlichen Veränderungen.

Diese Zeichen fanden auch schon bei den alten Chiromanten große Beachtung. Um Ihnen einen kleinen Einblick zu geben, haben wir ein Kapitel für sie ausgewählt aus einem Buch von Adolphe Desbarolles.

Es wurde im neunzehnten Jahrhundert geschrieben und trägt den Titel: „Die Hand und ihre Geheimnisse"

Zeichen, die die Wirkung der Berge und Linien verändern:

Der Stern:

Ein Stern zeigt ein Ereignis an, das außerhalb unseres freien Willen liegt. Er wird gewöhnlich auf den Bergen der Handfläche und den Linien gefunden.

Fast immer kündet er eine Gefahr und in jedem Fall eine Verhängnis an.

Aber es besteht immer die Möglichkeit, dass ein verhängnisvolles Ereignis, das zuerst einen Menschen scheinbar schwer schlägt, ihm nachher zum Vorteil gereicht.

Manchmal ist ein solches Verhängnis sogar ein durchaus gutes oder führt womöglich ein großes Glück herbei, falls man die Umwälzung, die dieser Stern in das Leben bringt, nutzbringend auswertet.

So bedeutet ein Stern auf dem Jupiterberg: ein günstiges, schicksalhaftes Ereignis, befriedigten Ehrgeiz, Ehre, glückliche Liebe, Ausersehensein zu großen Dingen, unerwarteten Aufschwung. Jupiter ist immer günstig.

Ein Stern auf den ersten inneren Fingergliedern, die Fingerspitzen, gehört zur göttlichen Welt und verkündet, zumal auf dem mittleren Saturnfinger, ein Ereignis jenseits aller menschlichen Vermutung, einen Ruhm wie den Napoleons, oder auch Wahnsinn.

Auf dem Saturnberg ist ein Stern immer verhängnisvoll schlecht. Er bedeutet Gewalttat, Mord eventuell auch Tod auf dem Schafott, falls andere Linien dies unterstützen.

Ein Stern auf dem dritten, also dem untersten Mittelfingerglied heißt: Mord oder Tod durch Ermordung. Sind diese beiden Sterne in einer Hand zu finden, ist dies Zeichen für Mord und Tod auf dem Schafott.

Kommt hierzu noch eine Saturnlinie, die in das dritte Glied eindringt, bedeutet dies für schlecht veranlagte Menschen unheilvollen und ehrlosen Tod; für andere ein großes Verhängnis, das man versuchen müsste, vorauszuwissen, um es zu vermeiden.

Stern auf dem Sonnen- oder Apolloberg: Reichtum, der kein Glück bringt, und zufällig erlangter Ruhm, der oft unheilvoll ist.

Stern auf der Sonnenlinie: Erzwungene, aber durch Begabung erworbene Berühmheit.

Mehrere Linien und ein Stern deuten auf Reichtum hin.

Ein Stern auf dem Merkurberg heißt Betrug und Ehrlosigkeit; auf dem Marsberg mörderische Neigungen.

Ein Stern auf dem Mondberg ist ein Warnungszeichen, er kündet Gefahr auf dem Meer oder Schiffbruch an.

Er ist auch zugleich ein Zeichen für lymphatische Erkrankungen und Wassersucht, auch für ein durch falsche Einbildung verursachtes Unglück.

Ein Stern im unteren Venusberg lässt ein durch Frauen verursachtes Unglück erkennen, ebenso ein Stern, der seitlich im unteren Teil des zweiten Daumengliedes und oberhalb der Linie liegt, die dieses Glied vom Berg trennt.

Das Viereck

in der Hand spricht von Kraft und Energie des Organs, auf dem es sich befindet.

Es gibt guten Verstand, Gerechtigkeit, raschen Blick und Kaltblütigkeit. Auf dem Venusberg weist es auf Gefängnis oder Kloster hin, wenn es neben der Lebenslinie liegt.

Ein Punkt in den Linien spricht von Verwundungen, auf der Kopflinie aber von Wahnsinnsanfällen.

In Aix fand ich in der Hand eines Badegastes einen kornblumenblauen Fleck auf der Stelle zwischen Mars- und Mondberg, die den Gedärmen entspricht.

Es war eine Trägheit der Gedärme vorhanden, die fast an Paralyse grenzte. Seither hat mich dieses Zeichen bei meinen Vorhersagen niemals getäuscht.

Dieser Fleck ist überall, wo er gefunden wird, sei es auf Linien oder Bergen, zumal auf Mars- und Mondberg, ein Zeichen für drohende und fast immer gefährliche Krankheit.

Man muss acht geben, wenn der auf der Lebenslinie angezeigte Zeitpunkt, der solches Zeichen ankündet, naht. Ein bläulicher Fleck genügt hierfür nicht, er muss kornblumenblau sein.

Auf der Herzlinie drückt eine Insel Anämie aus. Auf der Hepatika (Gesundheitslinie, Anmerk. der Autorin) die zum Merkurberg geht, Diebstahl, berügerischen Bankrott oder Lebererkrankung.

Auf der Lebenslinie ist sie Merkmal einer geheimnisvollen Geburt, auf der Kopflinie, wenn sie die Marsebene durchquert, Zeichen für ausgeführten oder geplanten Mord und blutrünstige Gedanken.

Auf der Kopflinie außerhalb der Marseene lässt sie schamlose Gedanken und ehrlose Pläne erkennen.

Eine Insel in der Saturn- oder Glückslinie bedeutet bei einer sonst guten und geraden Linie: Glück durch Ehebruch; bei einer gebrochenen Linie, oder wenn die Insel schlecht gezeichnet ist: Kummer oder Unglück, die durch einen Ehebruch verursacht wurden oder es noch werden.

Linien

die den Außenrand der Hand zwischen Merkurfingerwurzel und Herzlinie quer durchziehen, künden die Zahl der Ehen oder (durch ihre Dauer eheähnlichen) Liebesverbindungen an, die im Leben eingegangen werden.

Nehmen diese Linien, die parallel zur Herzlinie laufen, die Form von Inseln an, ist dies Zeichen für eine unter nahen Verwandten geschlossene Ehe- oder Liebesbeziehung.

Lange zögerten wir diese Angaben zu machen, aber noch einmal sei wiederholt: Die Linien werden von Geburt an durch die Sterne eingezeichnet. Man findet sie gut oder schlecht geformt schon bei Kindern, und wir sahen auch in ihren Händen Inseln.

Diese Inseln sind eine Warnung, sie sagen, dass sich Gelegenheiten für diese oder jene unheilvolle oder schamlose Möglichkeit bieten werden, aber nicht, dass sie sich erfüllen muss. Sie bilden keineswegs eine Notwendigkeit, denn die Gefahr kann durch den Willen vermieden werden, der jedes Schicksal ändert oder zunichte macht.

Wir hielten es aber für besser, diese Warnungen auszusprechen, damit der andere auf der Hut ist, wenn die Gefahr kommt, die oft Folge des Nichtwissens ist und wirkungslos bleibt, wenn man sie voraussieht. Misstrauen ist die Mutter der Sicherheit.

Das Dreieck

zeigt wissenschaftliche Fähigkeiten an. Auf dem Merkurberg politische Geschicklichkeit: Talleyrand und hermetische Wissenschaften.

Auf dem Jupiterberg diplomatische Begabung, aber mit großen Ideen: Napoleon.

Auf dem Saturnberg dunkles, auf Höllenangst, Traurigkeit, schwarze Magie und Menschenopfer aufgebautes Wissen.

Ebenso deutet ein Stern auf dem ersten Mittelfingerglied und ein Dreieck auf dem Saturnberg einen der schwarzen Magie ergebenen Menschen an, und beide zeigen verhängnisvolle Bestimmung zum Verbrechen.

Würde sich hiermit noch der Venusgürtel verbinden, dann opfert dieser Mensch selbst Kinder dem Dämon, nachdem er sich den schamlosesten Ausschweifungen hingegeben hat.

Ein Dreieck auf dem Sonnenberg ist Zeichen von künstlerischem Wissen: Leonardo da Vinci, Michelangelo; auf dem Marsberg von geschickter Strategie und militärischem Können: Turenne, Villars; auf dem Mondberg von Vernunft, mystischem Wissen: Paracelsus; auf dem Venusberg von Berechnung in der Liebe: Mme. de Maintenon.

Kreuze

sind gewöhnlich wenig günstige Zeichen. Nur auf dem Jupiterberg zeigen sie Liebesheirat und oft glückliche Ehe an.

In der Handmitte, im sogenannten Viereck, dem Raum zwischen Herz- und Kopflinie, bedeutet ein Kreuz Mystizismus, Religiosität, oft auch Aberglauben, wenn es übermäßig groß ist. Es gibt auch Fähigkeiten für okkulte Wissenschaften. Verbindet sich die Saturnlinie mit diesem Kreuz, so wird durch religiöse Einstellung ein günstiges Geschick erlangt. Ein Kreuz auf dem Saturnberg ist Zeichen für unheilvollen Mystizismus oder Verstärkung des Saturneinflusses.

Ein Kreuz unter dem Ringfinger (auf dem Sonnenberg) deutet Abbremsen des Aufschwungs in Kunst oder Reichtum an; denn die Sonne ist das Licht, und das aus seiner Richtung geworfene Licht wird zum Unstern.

Ein Kreuz auf dem Merkurberg ist Veranlagung zum Diebstahl. Ein Kreuz in der Marsebene weist auf einen gefährlichen Charakter hin, auf einen streitsüchtigen, zu allem fähigen Menschen. Ein Kreuz im unteren Teil des Dreiecks, in der Marsebene zwischen dem unteren Venus- und Mondberg, bedeutet ein wichtiges Ereignis, das eigener Kraft entspringt oder Kampf, der eine besondere Rolle im Leben spielen wird, und fast immer Stellungswechsel.

Ein Kreuz auf dem Mondberg kennzeichnet den Lügner oder einen Menschen, der sich selbst täuscht und belügt, wenn die anderen Linien dasselbe aussagen. Ist das Kreuz klein, deutet es Mystizismus und religiöse Träumereien an.

Groß verkündet es Aberglauben, bigottes Wesen, droht es Halluzinationen an. Findet man es in beiden Händen, ist es ein Zeichen für Wahrsinn auf dem Gebiet, das der entwickelte Handberg bestimmt, bei Jupiterbetonung z. B. Wahnsinn aus Ehrgeiz und stolz, bei Saturn aus Menschenfeindschaft oder Traurigkeit, bei Apollo aus übertriebener Ruhmsucht, Manie überspannter Wissbegierde oder öfter noch aus Geldwahn, bei Venus aus krankhafter Erotik.

Die Linien geben ähnliche Hinweise und bestätigen die Feststellung.

Ein Kreuz auf dem Venusberg besagt eine einzige, unglückselige Liebe, falls sich nicht ein anderes Kreuz auf Jupiter befindet, der durch seinen glückbringenden Einfluss diese Liebe in eine einzige glückliche verwandelt.

Gut gebildete, von gleichmäßig langen Armen geformte Kreuze sind jedenfalls eher günstig als schädlich und schließen sich den Eigenschaften der Berge an, auf denen sie liegen. Besonders ungünstig ist dagegen ihre Wirkung, wenn sie schlecht gezeichnet oder ungleichmäßig gebildet sind.

Ketten

auf den Linien bringen Unannehmlichkeiten, Hindernisse, Kämpfe, keine glücklichen Aussichten.

Gekrümmte, und vor allem unterbrochene Linien bedeuten Unglücksfälle; auf der Kopflinie Wahnsinn und finstere Gemütsstimmung.

Feine Haarlinien,

die sich zu einer einzigen Linie vereinigen, sind Zeichen für Hindernisse, hervorgerufen durch zu stark übertriebene Eigenschaften. Diese verzetteln sich in zu viel Teilgebiete, so dass keines genügend Kraft behält.

Sie sind einem Fluss vergleichbar, der seine übervollen Wasser, die zusammengehalten eine Gegend reich bewässern würden, nutzlos in einer Menge Kanäle verliert. Gewöhnlich gibt sich ein Mensch mit diesen Haarlinien zu viel Mühe, etwas zu erreichen und schießt deshalb über das Ziel hinaus. Finden sich viele dieser Linien auf einem Berg, bedeutet dies meist ein so starkes Überwiegen einer Eigenschaft, dass jede andere Handlungsmöglichkeit gestört und dadurch ohnmächtig gemacht wird.

Menschen mit Strichen und Furchen

auf dem Mondberg sind mehr als andere Vorahnungen, prophetischen Träumen, selbst Visionen zugänglich. Der überall einfließende Strom verstärkt die Sensibilität des Organs und bringt es in noch unmittelbarere Beziehung zum Mond, der als besonders naher Planet den stärksten Astralstrom ausschickt. Hier liegt das Zeichen für Somnambulismus.

Aber noch eines ist wichtig und sollte beachtet werden: Recht nah aneinander gedrängte Striche auf dem oberen Merkurberg verkünden immer bei Ärzten und auch überall sonst, wo sie gefunden werden, medizinische Begabung.

Zweifellos kann der Mensch durch Studium und Übung ein guter Arzt werden, aber der intuitiv begabte Arzt hat immer diese hier erwähnten Striche auf dem Merkurberg, wovon man sich leicht überzeugen kann.

Zweige

auf der Saturnlinie bedeuten vollkommenes Glück. Die Äste liegen hauptsächlich am Anfang und Ende der Linien. Es erübrigt sich zu erwähnen, dass aufsteigende allein günstig sind.

Gitter

sind Hindernisse und haben ihre bestimmten Bedeutungen. Gewöhnlich geben Gitter die Fehler der Berge an. Sie bedeuten auf dem Jupiterberg völliges Unterbinden der von diesem Berg angezeigten Eigenschaften, Hang zum Aberglauben, Egoismus, Ruhmsucht, Stolz und Herrschsucht.

Gitter auf dem Saturnberg weisen auf Unglück hin.

Gitter auf dem Sonnenberg sind Zeichen von Wahnsinn, Eitelkeit, Sehnsucht nach Scheinruhm, von Schwatzhaftigkeit, Ohnmacht und Irrtum.

Gitter auf dem Marsberg verkündet gewaltsamen Tod.

Gitter auf dem Mondberg bedeuten Traurigkeit, Unruhe, ewige Unzufriedenheit, Spasmen und Fantasiebilder an, die immer nur die kummervolle Seite der Dinge sehen. Sie bezeichnen auch Kreuzschmerzen und Gebärmuttererkrankungen. Menschen mit diesen Mondgittern regen sich andauernd auf, selbst wenn alles um sie herum ruhig ist, noch verstärkt, wenn die ganze Hand von kleinen Linien bedeckt ist.

Darin sind sie Pappeln und Espen vergleichbar, deren Blätter beim leisesten Windhauch erzittern, während der Wald vollkommen ruhig bleibt.

Gitter auf dem Venusberg deuten Ausschweifung und schamlose Liebe an.

Was ist ein Gitter? Ein Hindernis. Das Gitter widersetzt sich der Aufnahme des breitfließenden Stroms und hält die Einflüsse des Stoffes fest.

Auf den Bergen sind auch Querstriche Hinderniszeichen. Die schönste Sonnenlinie gibt keinen Ruhm, wenn sie quer durchschnitten und gleichsam von kleinen Linien ausgestrichen ist. Ein heftiger, vielleicht auch mächtiger Wunsch ist lebendig, aber große Hindernisse stehen ihm entgegen, denn jede dieser Linien verkündet Kampf.

So ist es auch bei der zum Merkurberg laufenden Hepatika, bei der zum Saturn gehenden Saturnlinie oder bei jeder günstigen, zum Jupiterberg führenden Linie. Querstriche lähmen die Wirksamkeit oder schalten sie aus, wenn die Querlinie tiefer und breiter ist als die Hauptlinie.

Striche oder Linien,

die von Hauptlinien aufsteigen, sind gut vorteilhaft für die Linie, die sie begleiten.

Gehen aber diese Striche oder Linien abwärts, bringen sie einen schlechten Einfluss mit sich.

Ist der Jupiterberg linienlos und gut entwickelt, sind Glück, behagliches Leben, Ruhe und Freude gegeben. Eine gerade klare Linie auf diesem Berg bedeutet Erfolg.

Der linienlos erhöhte Saturnberg gibt ruhiges, müh- und freudloses Schicksal zu erkennen. Mit einer ganz geraden Linie ist Glück, mit vielen Linien Unglück beschieden.

Ist der Sonnenberg ganz linienlos, sind innerste Freuden, inneres Glück vorhanden.

Das Leben verläuft ruhig, aber ruhmlos. Mit einer Linie sind, wie wir schon sahen, Talent und Ruhm gegeben, mit zwei sich kreuzenden Linien Talent aber Verlust des Ruhms.

Nehmen mehrere Linien auf dem Sonnenberg die Form des geflügelten Schlangestabs an, heißt dies höchstes künstlerisches Wissen. Dieses Stabzeichen auf dem Merkurberg gibt tiefes Wissen und jegliche wissenschaftliche Begabung.

Der gut entwickelte, linienlose Merkurberg lässt Verstand und Scharfblick erkennen. Mit einer Linie zeigt er zufällige Glücksmöglichkeiten an.

Ist der Merkurberg stark durchstrichen, sind schlechter Merkureinfluss und Diebstahlsneigungen gegeben. Zu viel Linien auf dem Merkurberg zeigen auch einen hinterlistigen Menschen an, denn diese Linienmenge deutet auf einen zu heftigen Einfluss dieses Planeten hin. Übermaß ruft immer Böses hervor und treibt hier mehr zu den Fehlern als den guten Eigenschäften dieses Berges.

Man nehme sich in acht vor einem ausgesprochenen Merkurtyp mit lebhaften schwarzen Augen, immer beweglich, mit einer Kopflinie, die in gerader Richtung die ganze Handfläche

durchquert, mit spitzem Kinn, etwas einliegenden Augen, spitz geformtem Kopf und Wulsten über den Ohren und misstraue ihm. Denn man hat es hier mit einem Menschenschinder schlimmster Art zu tun.

Der linienlos starke Marsberg bedeutet große Selbstbeherrschung und Kaltblütigkeit; der häufig durchstrichenen Mars gibt Veranlagung zu Zornausbrüchen.

Der linienlose Mondberg gibt ruhige Fantasie. So mächtig der Berg auch sein mag, schon eine einzige Linie darauf quält den Menschen mit Vorahnungen.

Mit mehreren Linien aber wird man von Unruhe erfasst. Auf dem Mondberg bedeutet ein aus zwei sehr ausgeprägten Linien gebildeter Winkel Gefahr des Ertrinkens.

Ein noch stärkeres Zeichen hierfür ist der Stern.

Horizontale Linien, die auf dem Mondberg, vom Rand der Außenhand zum Handrücken gehen, zeigen mehr oder weniger lange Reisen an, entsprechend der Stärke dieser Linien.

Ein Halbmond auf dem Mondberg bedeutet verhängnisvolle Fantasie und Einfluss von Frauen. Der Mond stellt die Cteis dar.

Der glatte, fast linienlose Venusberg weist auf Keuschheit, Kälte, ruhige Liebe, oft aber auch auf ein kurzes Leben hin. Die Kraft der Liebe ist auch die Lebenskraft.

Der von Linien durchkreuzte Venusberg ergibt das genaue Gegenteil. Je mehr Linien oder Striche vorhanden, je tiefer sie eingezeichnet und gefärbt sind, desto stärker und lebendiger sind die Leidenschaften.

Zusammengefasst: Berge, die richtig auf ihrem Platz liegen, gut entwickelt und fast linienlos, sind Glückszeichen.

Eine einzige Linie lässt Glück und Erfolg erkennen.

Zwei Linien: Verschiedene Interessen oder Stellungswechsel.

Drei Linien in gleicher Entfernung und Größe sprechen von großem Glück, Erfolg und Ruhm. Sind diese selben Linien aber gewunden, ungleich und durchkreuzt, sind Enttäuschungen und Hindernisse gegeben.

Ein große Anzahl von Linien bedeutet völlige Unterbindung der betreffenden Eigenschaft.

Gerade, gutgezeichnete und aufwärtssteigende Linien sind immer günstig. Geht eine fast gerade Linie rein, klar und ohne Hindernisse vom Venusberg unmittelbar zum Merkurberg hin, ist

dies ein glückliches Zeichen: Es bedeutet die Verbindung von Merkur und Venus, Liebe und Reichtum.

Diese Linie wird allerdings, zumal wenn sie von der Milchstraße begleitet ist, in einer verständnislosen, materiellen Hand eine doppelte Art der Liebesbeziehung anzeigen, die vielleicht im alten Griechenland erlaubt war, bei uns aber als schamlos angesehen wird."

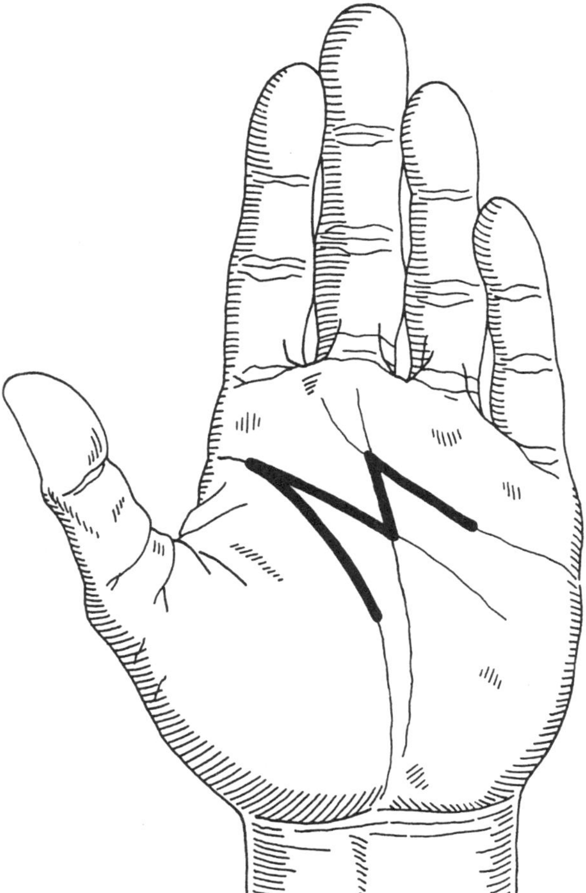

Das grosse „M“ der Chiromanie

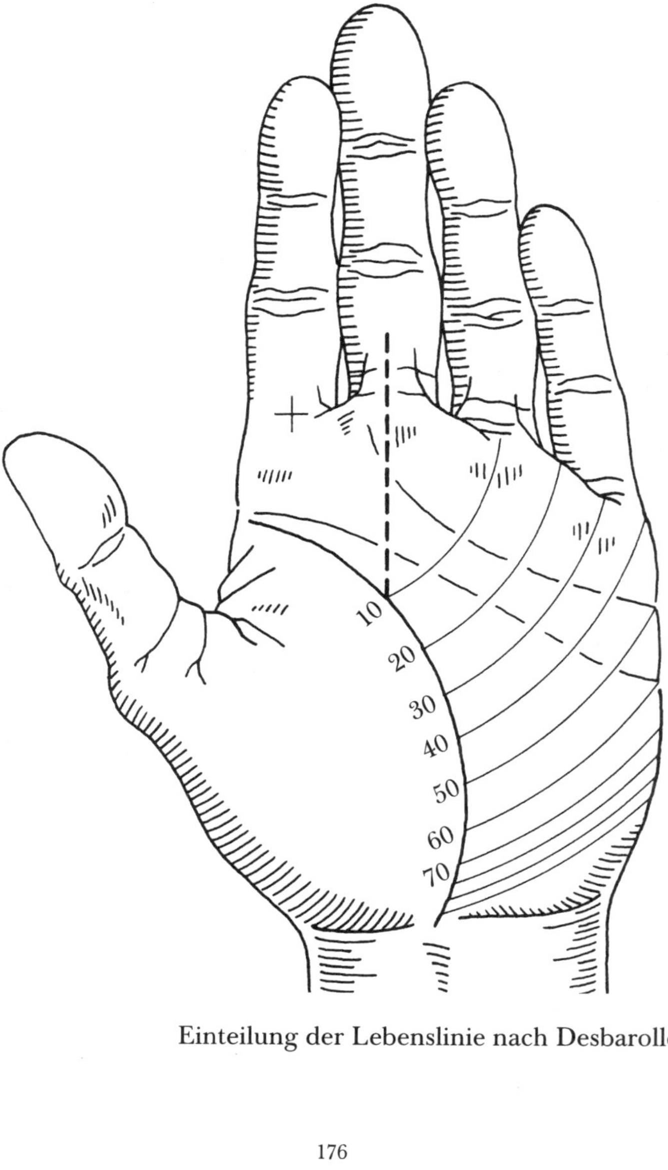

Einteilung der Lebenslinie nach Desbarolles

Einteilung der Lebenslinien in Jahren

(aus dem Buch: „Die Hand und ihre Geheimnisse" von Adolphe Desbarolles)

Die alten Kabbalisten teilten die Lebenslinie in sieben oder zehn Teile ein, von denen jeder zehn Jahre bezeichnete. So konnten sie den Zeitpunkt von Krankheiten oder Verwundungen angeben, indem sie nachsahen, in welchem Dekanat die hinweisenden Zeichen lagen. Für eine ähnliche Berechnung genügt eine gleichmäßige Einteilung der Lebenslinie in sieben und zehn Abteilungen, von denen jede zehn Lebensjahre darstellt.

Die Chiromanten machten diese Unterteilung folgendermaßen: Sie stellten einen Fuß des Zirkels unbeweglich auf die Wurzel des Jupiterfingers, setzten den anderen in der Mitte des Sonnenbergs an, und zogen von hier aus einen die Lebenslinie schneidenden Kreis.

Der Raum auf der Lebenslinie bis zu diesem Schnittpunkt gab die ersten zehn Jahre wieder. Für den zweiten Kreis stellten sie den zum Kreisziehen bestimmten Fuß des Zirkels zwischen Ring- und kleinen Finger und zogen wieder den Kreis auf die Lebenslinie herab. So bekamen sie die zweite Abteilung der zehn Jahre, die also zwanzig Jahre anzeigte. Dann stellten sie den zweiten beweglichen Zirkelfuß auf den Merkurberg und zeichneten durch den Kreis die dritte Abteilung auf der Lebenslinie

ab, die dreißig Jahre ergab. Der bewegliche Zirkelfuß an die äußere Seite des kleinen Fingers, an sein drittes Glied gesetzt, ergab vierzig Jahre. Ging die Lebenslinie noch weiter, hielt man dieselben Entfernungen aufrecht und stellte den Zirkelfuß auf den Herzlinie am äußeren Handrand, was auf der Lebenslinie das fünfzigste Jahr ergab.

Wie wir wissen, zeigt jeder Kreis zehn Jahre an. Für den siebenten Kreis (70 Jahre) verminderte man die Entfernung von einem Schnittpunkt zum andern um ein Drittel. Für 80 Jahre verminderte man diese Entfernung noch einmal um ein Drittel, und so fuhr man fort bis zu 100 oder 110 Jahren, wenn so viele eingezeichnet waren.

Die alten Chiromanten ließen, wie man sieht, das Leben von Jupiter (der Göttlichkeit) und der Sonne (dem Licht) ausgehen. Bis zu seinem 10. Jahr ist der Mensch ausschließlich dem Verhängnis überantwortet, da ihn der Verstand noch nicht führt. Das Wesen bildet sich, bewegt sich, um zu wachsen. Der Raum der ersten zehn Jahre ist am größten, und da er dem Verhängnis zugeteilt wird, fällt er auf der Lebenslinie mit einer auf der Achse des Mittel- (des Saturn-)fingers gezogenen Linie zusammen. Die Jahre zeichnen sich in gleichen Abständen bis zu 60 Jahren ab. Dann geht die Lebenskraft zurück, die Säfte trocknen ein und versiegen, die folgenden Abstände werden um ein Drittel schmäler. Mit 80 Jahren nehmen sie aus ähnlichen Gründen nochmals um ein Drittel ab, und so geht es weiter bis zum

Lebensende, das entweder körperlich oder geistig untätig wird.

Wir geben hier die Zeichnung einer so abgeteilten Hand. Jeder kann dasselbe auf seiner Hand wiederholen und durch genaues Untersuchen der Lebenslinie die Zeitpunkte erkennen, in denen die Gesundheit bedroht wird und die Ursachen hierfür aus anderen Zeichen herausfinden.

Eine hundert Jahre anzeigende Lebenslinie stellt nur eine Möglichkeit zur Erreichung dieses Alters dar. Selbstverständlich müssen auch die anderen Hauptlinien einen glücklichen Lebenslauf anzeigen - aber es ist jedenfalls ein sehr günstiges Omen.

Das Viereck in der Hand

Dieses Viereck, auch Handtisch genannt, wird gebildet durch die Schicksalslinie und die Gesundheitslinie, die durch Herz- und Kopflinie begrenzt werden.

Ein gutausgebildeter Handtisch, der Toleranz und Großzügigkeit, ein gesundes Urteilsvermögen und großmütiges Denken, also eine gute Ausgewogenheit zwischen Herz- und Kopflinie symbolisiert, vereint aber gleichzeitig, durch die Verbindung mit Schicksals- und Gesundheitslinie, auch Verantwortungsbewusstsein, soziale Eingebundenheit und einen guten Geschäftssinn.

Das Gegenteil liegt in einem kleinen und engen Handtisch. Er vermittelt Ängstlichkeit und zaghaftes Handeln, Festhalten von vorgefassten Meinungen, Gefühlsenge und ängstliche Sparsamkeit, und durch die Verbindung mit Schicksals- und Gesundheitslinie können auch in diesem Bereich negative Aussagen hinzukommen.

Möglicherweise wird aus ängstlichem Sparen Knauserigkeit und Geiz, aus Festhalten von vorgefassten Meinungen Sturheit und Borniertheit.

Ein Viereck, das in der Mitte breit ist und sich zum Daumen hin weitet, verkündet seelische Ausgeglichenheit und ein glückliches Dasein, Loyalität und Großzügigkeit.

Ist das Viereck in der Mitte eng, lässt es enge Gefühlsempfindungen und Intoleranz erkennen.

Das große Dreieck in der Hand

Gebildet wird das große Dreieck aus der Gesundheitslinie, die durch Kopf- und Lebenslinie begrenzt wird. Es hat einen oberen, einen rechten und einen linken Winkel.

Auch wenn die Form des Dreiecks nicht vollkommen ist, weil zum Beispiel die Gesundheitslinie fehlt, oder die Kopf- und die Lebenslinie nicht miteinander verbunden sind, wird es als Dreieck bezeichnet.

Ein gut ausgeprägtes und gefärbtes Dreieck ist ein Zeichen für gute Gesundheit und ein langes und glückliches Leben.

Ein weites und breites Dreieck weist auf Kühnheit, vorausschauendes Denken, auf Großzügigkeit und gute charakterliche Eigenschaften.

Der obere Winkel

Dieser wird zwischen Zeigefinger und Daumen von der Kopf- und der Lebenslinie gebildet. Ein klarer, spitzer und gut gezeichneter oberer Winkel zeigt glückliche Veranlagung und edlen Sinn.

Der stumpfe Winkel symbolisiert geistige Schwerfälligkeit.

Ein Winkel, der senkrecht unter dem Saturnfinger beginnt, weist auf Geiz und dadurch auf ein unzufriedenes Leben.

Findet die Vereinigung der Kopf- mit der Lebenslinie in Höhe der Marsebene, lässt das ein elendes, mühevolles Leben und Geldsorgen erkennen.

Der rechte Winkel

Durch die Verbindung von der Gesundheitslinie und der Schicksals- oder Lebenslinie nahe dem Mondberg, entsteht der rechte Winkel.

Ein gut sichtbarer und gut gefärbter Winkel bedeutet eine gute Gesundheit und Mitmenschlichkeit, Güte und Pflichtbewusstsein.

Ein sehr spitzer Winkel weist auf eine schwache Gesundheit.

Der linke Winkel

Durch die Gesundheitslinie und dem äußersten Ende der Kopflinie zwischen oberem Mond- und unterem Marsberg, wird dieser Winkel gebildet.

Der gut und klar gezeichnete Winkel verheißt ein langes Leben, Herzensgüte und klares Denken.

Ist der Winkel sehr spitz, lässt sich Reizbarkeit und Nervosität erkennen.

Ein stumpfer Winkel bedeutet Wankelmütigkeit und schwerfälliges Denken.

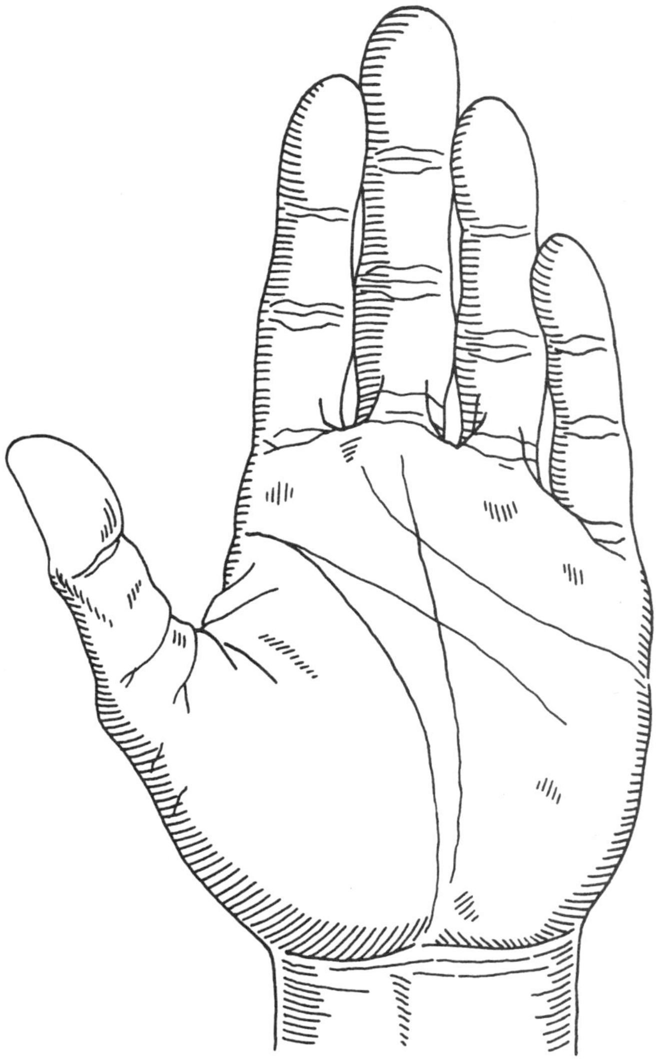

Eigenschaften und Schicksalsfragen in Kurzform von A - Z

Ängstlichkeit

verrät sich durch einen schwachen Mars- und Venusberg. Außerdem durch eine undeutliche Schicksalslinie und ein kurzes erstes Daumenglied.

Anspruchslosigkeit

erkennen Sie an einem nach innen gebogenen ersten Daumenglied. Auch ein Quadrat an der Spitze des Jupiterberges ist ein Zeichen dafür.

Berühmtheit

kann man entweder durch ein Kreuz an der Spitze des Zeigefingers erkennen oder an einem Kreis am Jupiterberg.

Auch eine auf dem Jupiterberg gabelförmig endende Herzlinie und eine starke Sonnenlinie deuten auf Popularität hin.

Betrüger

haben oft sehr blasse Nägel oder einen übermäßig ausgebildeten Merkurberg. Aber Vorsicht vor übereiligen Deutungen!

Bosheit

wird oft durch sehr lange und sehr spitze Fingernägel angedeutet.

Egoismus

erkennen wir an einer kurzen, unverästelten Herzlinie und harten Fingern mit starken Knoten.

Ehrgeiz

findet man meistens in Mars- oder Saturnhänden. Auch eine Schicksalslinie, die am Jupiterberg endet, deutet auf Ehrgeiz.

Ehrlichkeit

vermitteln Sonnen- oder Venushände. Eine rosige Herzlinie, die bis zum Jupiterberg läuft, ist auch ein deutliches Zeichen für Ehrlichkeit.

Eigensinn

erkennt man am offensichtlichsten in Marshänden.

Aber auch ein starker Marsberg und kurze eckige Nägel können darauf hinweisen.

Empfindlichkeit

finden wir in einem blassen und eher weichen Venusberg.

Energie

erlernt man an einem starken Marsberg.

Auch ein starker Daumen oder Äste der Sonnenlinie, die zum Marsberg weisen, sind ein Zeichen dafür.

Erbschaften

soll man an kleinen Linien am mittleren Glied des Zeigefingers erkennen können.

Erfolg

lässt sich aus einer gut ausgeprägten Sonnenlinie erkennen.

Auch eine Schicksalslinie, die in der Lebenslinie beginnt, soll auf Erfolg und Ansehen hindeuten.

Feigheit

erkennen wir an einem flachen, weichen Marsberg und an einem schwach ausgeprägten, dünnen Daumen.

Flatterhaftigkeit

bemerken wir vor allem bei Menschen mit äußerst stark ausgeprägten Venushänden.

Auch eine kettenförmige rosafarbene Herzlinie weist auf diesen Charakterzug hin.

Gutes Gedächtnis

beobachten wir an Menschen mit einer stark ausgeprägten Gesundheitslinie.

Ist die Kopflinie kurz, lässt das auf ein eher schlechtes Gedächtnis schließen.

Geiz

zeigt sich oft bei Menschen mit gelblichen und sehr knochigen Händen. Die Kopflinie ist dann sehr lang und gerade, die Fingernägel hart und spröde.

Gewalttätigkeit

finden wir am häufigsten bei Menschen mit Marshänden und einem hohen, harten Marsberg. Lebenslinie, Schicksalslinie und Herzlinie sind tiefrot, der Venusgürtel zeigt einen Kreis.

Gewinn

im Leben (Geld, Liebe, Erfolg) verheißt ein Ast der Sonnenlinie, der zum Sonnenberg führt.

Großzügigkeit

finden wir bei Sonnen-, Venus- oder Jupiterhänden.

Die Herzlinie endet auf dem Jupiterberg, der Daumen ist weit vom Zeigefinger entfernt und sein erstes Glied nach außen gebogen.

Güte

verheißt ein starker Jupiterberg und eine ausgeprägte und gut gezeichnete Herzlinie.

Herrschsucht

beobachtet man am häufigsten bei Menschen, die ein Gitter an der Spitze des Zeigefingers haben.

Herzlosigkeit

entdecken wir bei einem stark gefärbten Marsberg und einer bräunlich gefärbten Herzlinie.

Hindernisse

erkennt man an absteigenden Ästen von der Schicksalslinie aus.

Homosexualität

drückt sich in den Händen oft durch eine bräunliche Herzlinie und einen ebenso bräunlichen Venusberg aus. Oft ist die Herzlinie verdoppelt, während die Kopflinie ganz fehlt.

Hysterie

soll man durch einen unterbrochenen Venusgürtel und eine zerschnittenen, am Mondberg entspringende Gesundheitslinie erkennen.

Katastrophen

zeigen sich durch kleine Häkchen in der Schicksalslinie.

Kaufmännische Begabung

wird durch Merkurhände, einen starken Merkurberg oder einen ausgeprägten kleinen Finger angedeutet.

Auch eine im Merkurberg endende Schicksalslinie deutet darauf hin.

Klugheit

erkennen wir an einer ausgeprägten, in einer Gabelung ausgehenden Kopflinie oder wenn sie mit der Lebenslinie verbunden ist.

Krankheiten

zeigen sich am deutlichsten auf der Gesundheitslinie. Wenn diese schmal, blass und unterbrochen ist, wird das als Zeichen ersthafter Erkrankung gedeutet.

Ein roter Ast, ein Stern oder ein Kreuz auf dem Venusgürtel soll vor Geschlechtskranheiten warnen. Aber auch in der Saturn- und der Lebenslinie sind Krankheiten zu erkennen.

So sind Äste, die zur Lebenslinie laufen, und gleichzeitig rote Punkte oder weiße Flecken aufweisen, als kritisches Zeichen zu werten. Wird die Saturnlinie von horizontalen Linien durchschnitten, so ist auch dies ein Hinweis auf eine Erkrankung.

Künstlerische Begabung

zeigt sich vor allem in Sonnenhänden.

Launenhaftigkeit

erkennen wir an einem breiten, weichen Mondberg.

Leichtsinn

kann man annehmen, wenn die Kopflinie sehr lang und schmal ist.

Literarische Begabung

finden wir bei einem stark ausgeprägten Mondberg.

Und wenn ein Ast der Sonnenlinie zum Mondberg führt oder ein Ast der Kopflinie zum Merkurberg ausläuft.

Lügner

und solche Menschen, die es mit der Wahrheit nicht so genau nehmen, haben oft Gitter auf der Spitze des kleinen Fingers oder sehr blasse, weiche Nägel.

Misserfolge

im Beruf oder privat sind an Ästen zu erkennen, die von der Schicksalslinie abwärts laufen. Oder auch wenn die Schicksalslinie in der Handmitte beginnt oder in einem Stern endet.

Melancholie

zeigt sich durch eine furchige Lebenslinie.

Nachlässigkeit

erkennen wir an weichen, kraftlosen Händen. Die Schicksalslinie zeigt Unterbrechungen, der Marsberg ist schwach ausgebildet.

Neid

finden wir vor allem bei Personen mit stark gelblichen Händen und spitzen, harten Nägeln. In manchen Fällen sind aber auch engstehende Finger ein Zeichen von Neid.

Perversitäten

lassen sich an einer doppelten und bräunlich verfärbten Herzlinie bei gleichzeitiger Durchfurchung des Venusberges und einem kettenförmigen Venusgürtel erkennen.

Phantasie

haben Menschen mit einer Mondhand oder einem ausgeprägten Mondberg.

Reichtum

finden wir in einem Stern auf dem Sonnen- oder Jupiterberg angedeutet. Manchmal auch in Ästen, die von der Herzlinie zum Jupiter- oder Merkurberg führen.

Reisen

machen Personen mit Mondhänden und einem starken Mondberg. Besonders dann, wenn die Sonnenlinie auf dem Mondberg beginnt oder doch einen Zweig zu ihm hinsendet.

Rücksichtslosigkeit

erkennen wir an einer roten und tiefgefärbten Lebenslinie.

Scheidungstendenzen

erkennt man an einer unterbrochenen Heiratslinie.

Schüchternheit

ist - das weiß man aus eigener Erfahrung - an feuchten Händen zu erkennen. Kopf- und Lebenslinie sind verbunden und laufen gemeinsam weiter. Die Nägel sind meist sehr weich, auf der Herzlinie befindet sich am Anfang eine blasse Insel.

Schwierigkeiten

sowohl in beruflicher, als auch in privater Hinsicht, sind zu befürchten, wenn die Lebenslinie gegen die Rascette zu zahlreiche Äste nach unten schickt oder von mehreren waagrechten Strichen durchzogen wird.

Sinnlichkeit

Ein tiefroter Venusgürtel, Gitter auf dem Venusberg, eine stark gefärbte Herzenslinie und eine Begleitlinie der Lebenslinie sind Indizien für die Fähigkeit, zu genießen.

Sorgen

zeigen sich am deutlichsten in den kettenförmigen Rascettenlinien und in einer mehrfachen Unterbrechung der Schicksalslinie in der Mitte der Handfläche.

Stürze

werden in einer sehr kurzen Schicksalslinie angedeutet.

Tapferkeit

drückt ein sehr stark ausgeprägter Marsberg aus.

Tod

in frühen Jahren macht sich in einer kurzen Lebenslinie bemerkbar.

Ein gewaltsamer Tod wird durch ein Gitter am Marsberg und eine gleichzeitig plötzlich abbrechende Lebenslinie angedeutet.

Unfälle

werden durch Kreise auf der Lebenslinie angedeutet.

Unmäßigkeit

erkennen wir an einer blassen, dafür aber verdoppelten Schicksalslinie.

Unverheiratet

bleibt, wer keine Heiratslinie, dafür aber ein Quadrat auf dem Jupiterberg besitzt.

Veränderungen

im persönlichen Bereich werden dann zahlreich eintreten, wenn die Sonnenlinie am Mondberg entspringt.

Auch eine in der Mitte der Handfläche beginnende Schicksalslinie deutet auf Veränderungen.

Verletzungen

werden durch kleine rote Punkte auf der Lebenslinie angedeutet.

Wissenschaftliche Begabung

macht sich vor allem bei Leuten bemerkbar, deren Sonnenlinie in der Kopflinie beginnt.

Auch ein Ast der von der Sonnenlinie zum Saturnberg geht, deutet darauf.

Zerstreutheit

symbolisiert ein weicher, blasser Mondberg, oder auch eine ungünstig ausgeprägte Kopflinie.

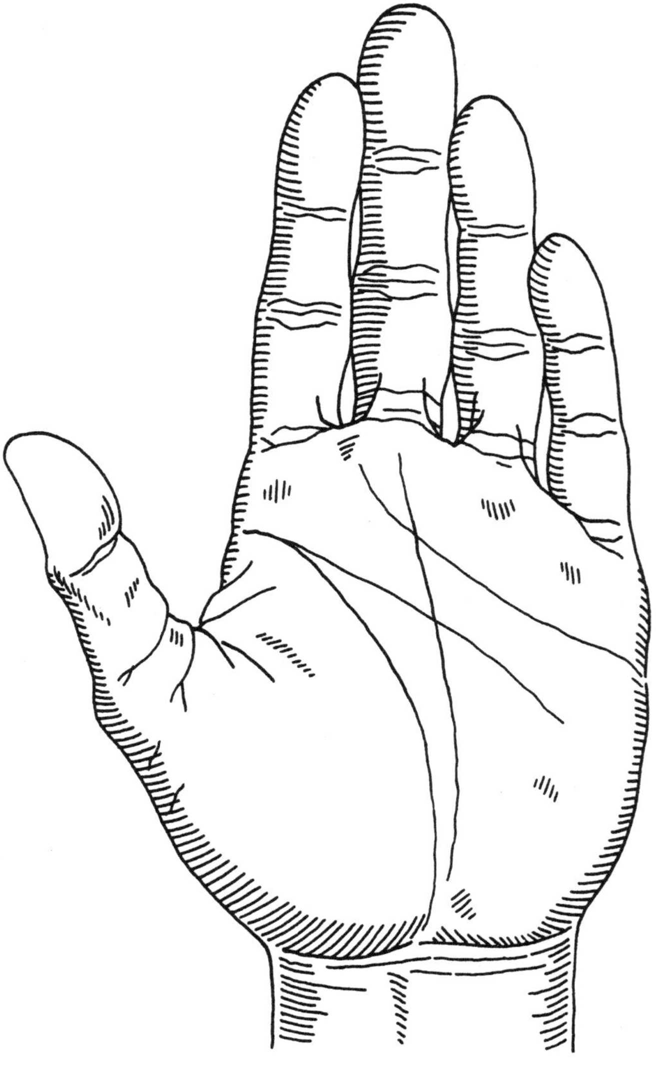

Begriffe der Handlesekunst im Überblick von A - Z

Apoll(o):

griechischer Gott, Sohn des Zeus und der Leto, Gott der musischen Künste und des Lichtes (Beiname „Phoibos“), später auch als Helios (Sonne) verehrt.

Berge:

Das sind in der Handlesekunst die erhöhten Stellen,die unterhalb der Finger und manchmal auch ringsum am Rande der Hand liegen und denen bei der Handanalyse eine große Bedeutung beigemessen wird.

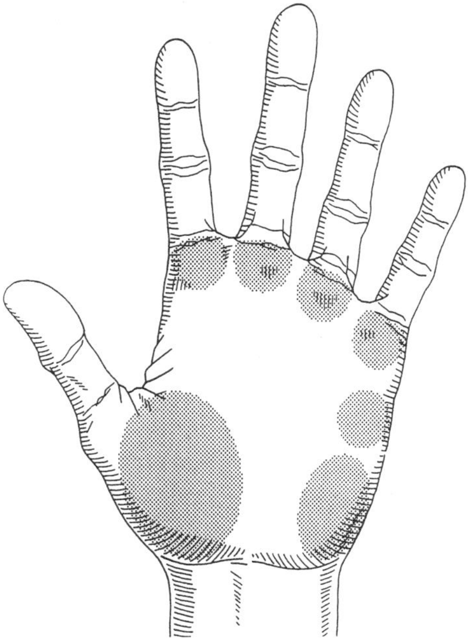

Chirologie (Chiromantie):

Die sehr alte Lehre von der Charakter- und Schicksalsdeutung aus Formen und Linien der Hände, hat ihren Ursprung bei den Chaldäern und Babyloniern (ca. 600 Jahre vor Christus).

Obwohl die Chirologie, vor allem in Amerika, immer mehr zur Diagnose von Krankheiten herangezogen wird, ist sie wissenschaftlich noch nicht eindeutig anerkannt.

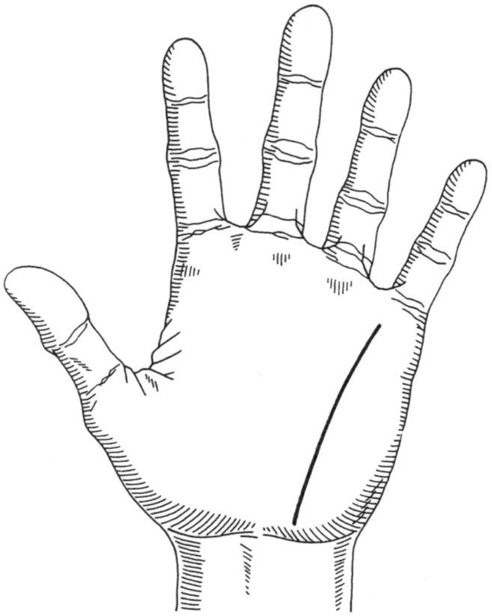

Gesundheitslinie:

Sie beginnt meistens in der Handwurzel der Lebenslinie, manchmal auch am Mondberg.

In ihr findet sich die Konstitution und Vitalität eines Menschen.

Herzlinie (Jupiterlinie):

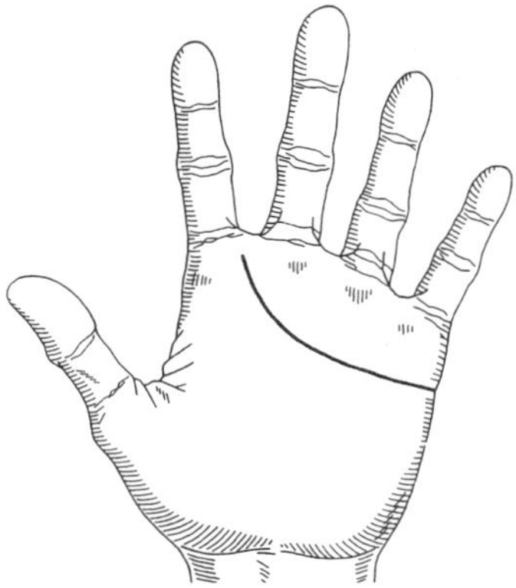

Die Herzlinie ist eine der Hauptlinien und symbolisiert das Gefühls- und Liebesleben eines Menschen. Sie beginnt unterhalb des Merkurberges und verläuft quer durch die Hand in Richtung Jupiterberg.

Handtisch:

Herz- und Kopflinie bilden in ihrer normalen Lage den Handtisch. Der Raum dazwischen, je nachdem ob weit oder eng, findet bei der Deutung der Hand Berücksichtigung.

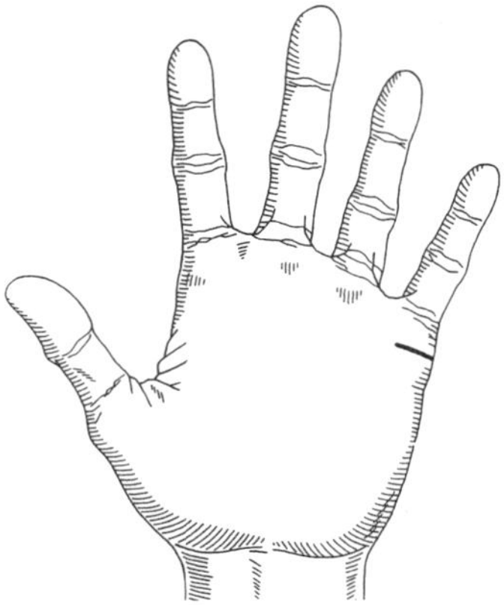

Heiratslinien:

Man findet sie zwischen dem Kleinfinger und der Herzlinie.

Jupiter:

1. Himmelsgott entsprechend dem Zeus.

2. größter Planet des Sonnensystems. Umlaufzeit um die Sonne 11,86 Jahre. Durchmesser größer als der 11fache Erddurchmesser; rotiert in weniger als 10 Stunden um seine Achse. Oberfläche unter dichter Wolkenhüller verborgen (zahlreiche streifige Strukturen, Großer Roter Fleck als gewaltiger Wirbelsturm nachgewiesen); äußere Atmosphäre enthält Ammoniak, Wasserstoff und Helium; Oberflächentemperatur etwa - 130 Grad Celsius; starkes Magnetfeld; 16 Monde.

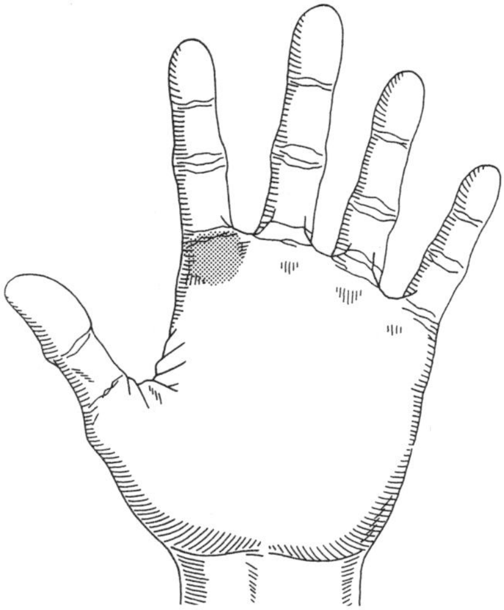

Jupiterberg:

Unterhalb des Zeigefingers befindet sich der Jupiterberg. Aus seiner Beschaffenheit werden Rückschlüsse auf den Erfolg eines Menschen gezogen.

Jupiterfinger:

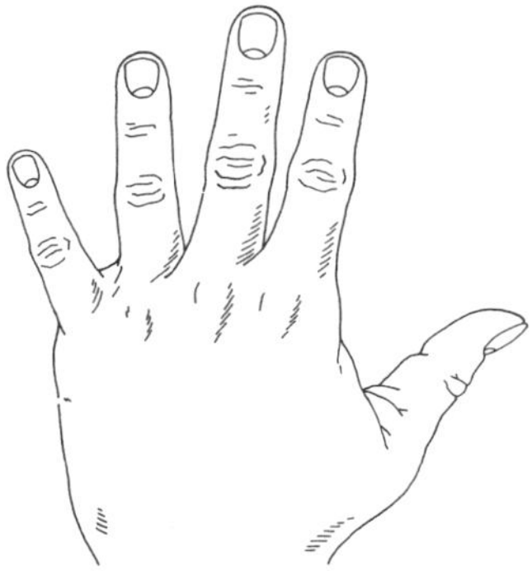

Der Zeigefinger wird als Jupiterfinger bezeichnet. In ihm liegt die Entschlusskraft und Zielstrebigkeit eines Menschen.

Kabbala:

(hebräisch) jüdische Geheimlehre, die u. a. hinter Zahlen und Buchstaben den verborgenen Sinn der Welt suchte.

Kopflinie:

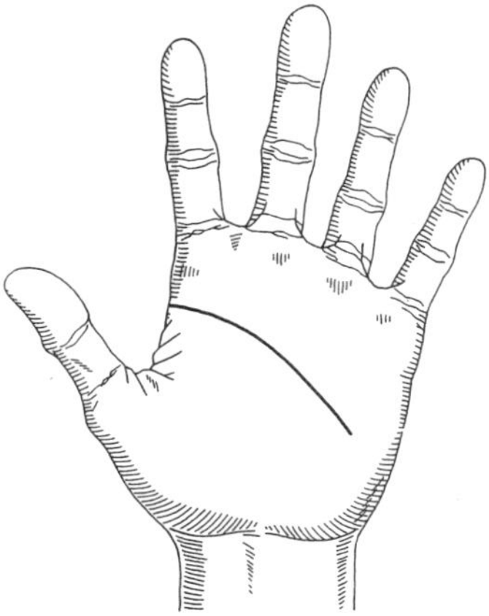

Sie entspringt zwischen Daumen und Zeigefinger und zieht sich meistens quer über die Hand dem Mars- oder Mondberg zu. Sie gibt Aufschluss über die Gedankenkräfte eines Menschen.

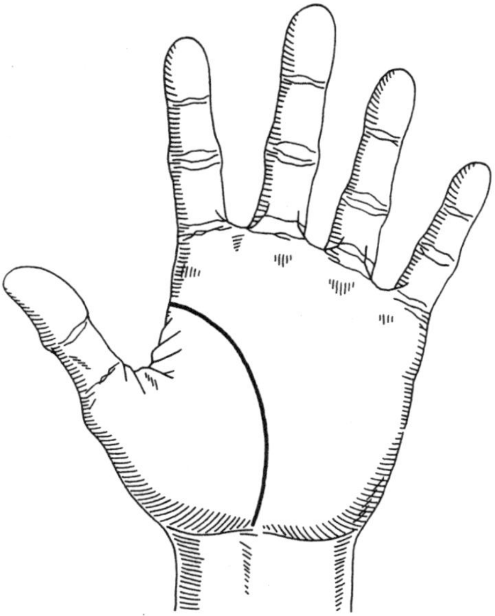

Lebenslinie:

Sie beginnt unter dem Jupiterberg, zwischen Daumen und Zeigefinger, verläuft im halbförmigen Bogen um den Venusberg. Sie symbolisiert die Lebenskraft und Vitalität des Menschen.

Mars:

1) ursprünglich italienischer Bauerngott, Schutzherr der Fluren; in Rom Kriegsgott, entsprechend dem griechischen Ares.

2) vierter der großen Planeten (mittlerer Sonnenabstand 227 884 000 km, Umlaufzeit 686,98 Tage); 2 Monde, Phobos und Deimos; Mars hat wegen seiner Äquatorneigung einen Jahreszeitenwechsel.

Marsberg:

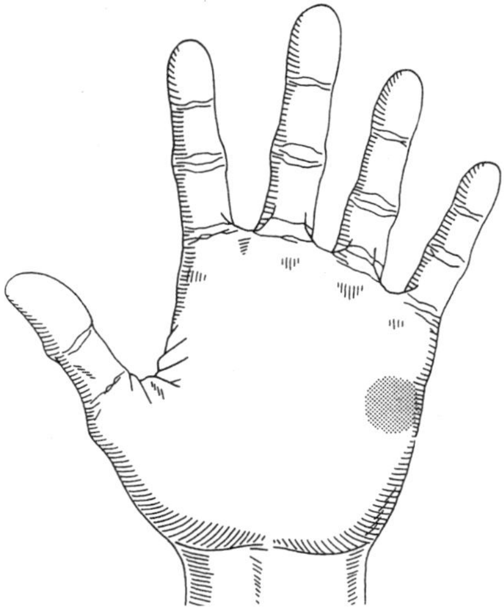

Unter dem kleinen Finger liegt der Merkurberg, an den sich der Marsberg anschließt. Er symbolisiert die Willensstärke und die Tatkraft eines Menschen.

Merkur:

1) römischer Gott des Handels, Götterbote, dem griechischen Hermes entsprechend.

2) der sonnennächste Planet, nur in der Abend- oder Morgendämmerung zu beobachten; Rotationsdauer etwa 2 Drittel seiner Umlaufzeit um die Sonne(88 Tage), mittlerer Sonnenabstand 57,9 Mill. km. Der Mars hat keine Atmosphäre. Große Temperatur-Gegensätze (von ca. + 310 bis - 170 Grad Celsius).

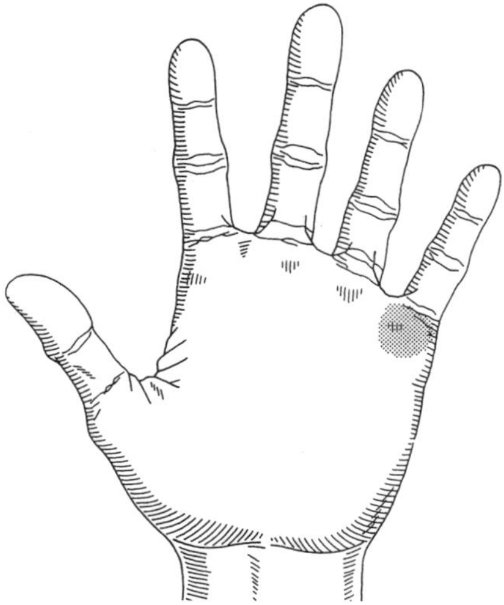

Merkurberg:

Der Merkurberg befindet sich unterhalb des kleinen Fingers. Er symbolisiert unter anderem den Geschäftssinn eines Menschen.

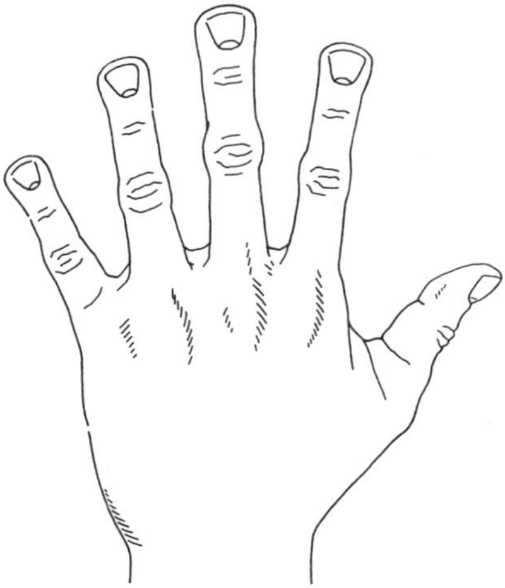

Merkurfinger:

Der Merkurfinger ist der Kleinfinger, der Finger des Verstandes und der materiellen Werte.

Mond:

Der der Erde weitaus nächste größere Himmelskörper; mittlere Entfernung von der Erde 384 405 km; Umfang 10 920 km. Die wahre Mondbewegung erfolgt auf einer Ellipsenbahn. Die Rotationsdauer des Mondes ist genau gleich seiner Umlaufzeit um die Erde (kehrt deshalb der Erde immer die gleiche Seite zu).

Große Temperatur-Gegensätze bei Licht und Schatten (ca. + 130 und - 160 Grad Celsius). Die Mondphasen sind abhängig von der Konstellation von Mond und Sonne zueinander).

Mondberg:

Er befindet sich oberhalb des Handgelenkes auf der Kleinfingerseite.

Der Mondberg symbolisiert die Fantasie und die Erlebnisfähigkeit eines Menschen.

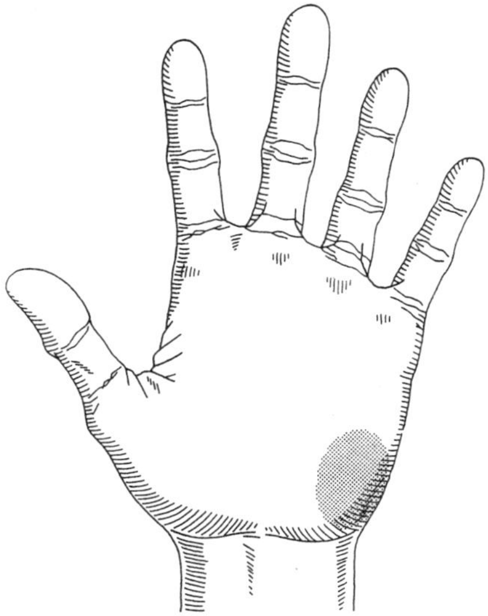

Pantakel:

Ein Pantakel ist ein magisches Zeichen in Form eines Fünfecks, das aus drei ineinander verschränkten gleichschenkligen Dreiecken gebildet wird.

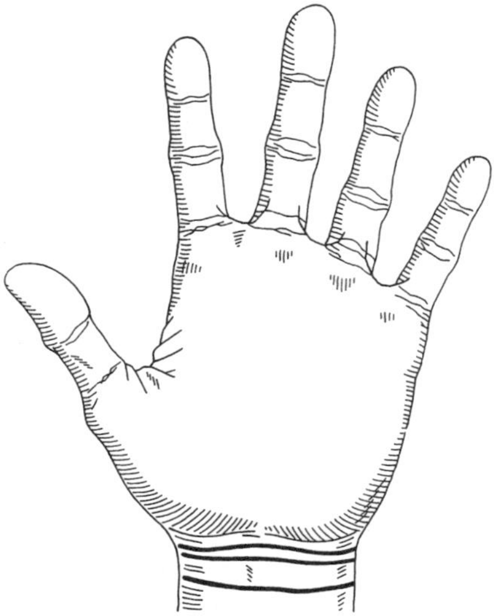

Rascetten:

Das sind jene Linien, die das Handgelenk wie ein Armband umfassen. Jede Linie steht für 25 bis 30 Jahre des Lebensalters eines Menschen.

Saturn:

Er ist der zweitgrößte Planet in unserem Sonnensystem, fester Gesteinskern von rund 3facher Erdmasse, Mantel vor allem aus festem bzw. flüssigem Wasserstoff, dichte, wolkige Atmosphäre. a. aus Wasserstoff (89%) und Helium, neben 23 Monden besitzt

Saturn ein ihn freiumschwebend umgebendes Ringsystem (mehrere tausend Einzelringe) aus vermutlich metergroßen Eisbrocken, die ihn als kleine Satelliten umkreisen. Umlaufzeit 29,628 Jahre; mittlere Entfernung von der Sonne 1 428 Mill. km.

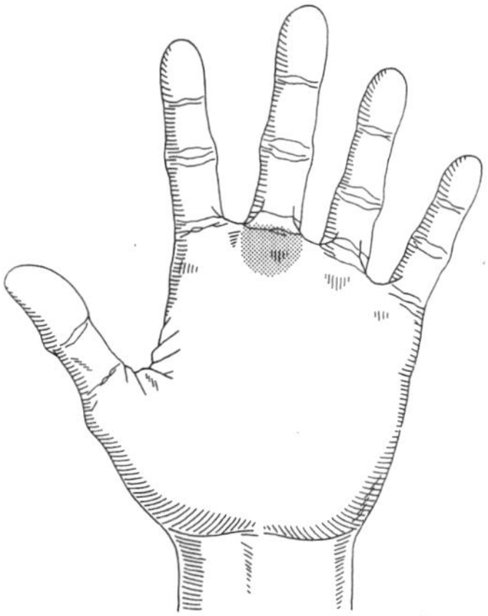

Saturnberg:

Er befindet sich unter dem Mittelfinger und gibt im Zusammenhang mit diesem Aufschluss über die Lebenseinstellung eines Menschen.

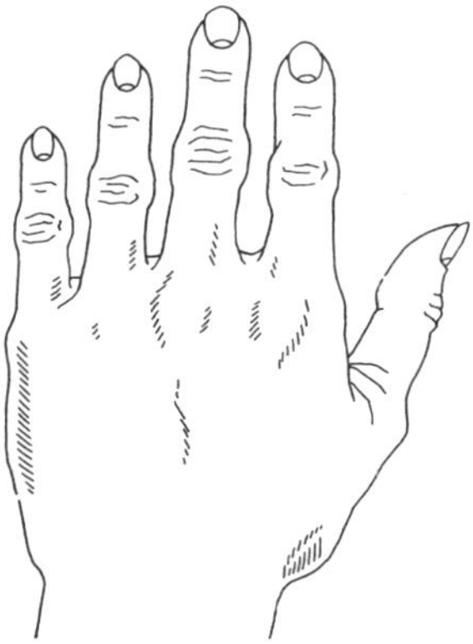

Saturnfinger:

Der Mittelfinger wird als Saturnfinger bezeichnet. Er symbolisiert Verantwortung und Pflichtbewusstsein.

Saturnlinie:

Sie beginnt in der Nähe der Lebenslinie und verläuft von unten nach oben zu den oberen Handbergen. Die Saturnlinie ist die Schicksalslinie und symbolisiert den Lebensweg eines Menschen.

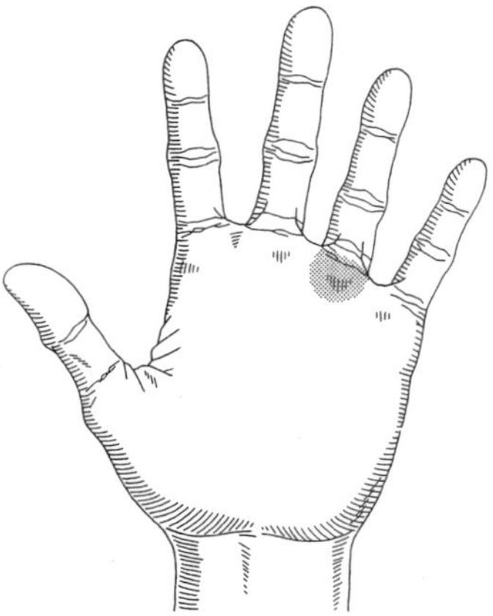

Sonnenberg:

Diesen Berg findet man unter dem Ringfinger (Sonnenfinger). Er symbolisiert Schönheitssinn und Kunstliebe.

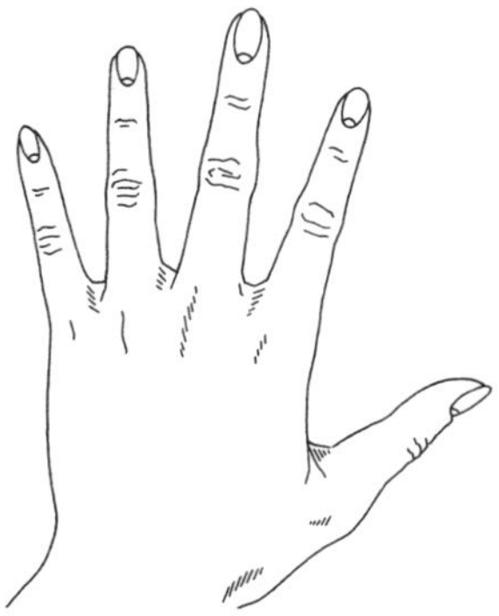

Sonnenfinger:

Der Ringfinger wird Sonnenfinger genannt; manche Chirologen bezeichnen ihn auch als Venusfinger. Er steht für Ästhetik und Kunstsinn.

Sonnenlinie:

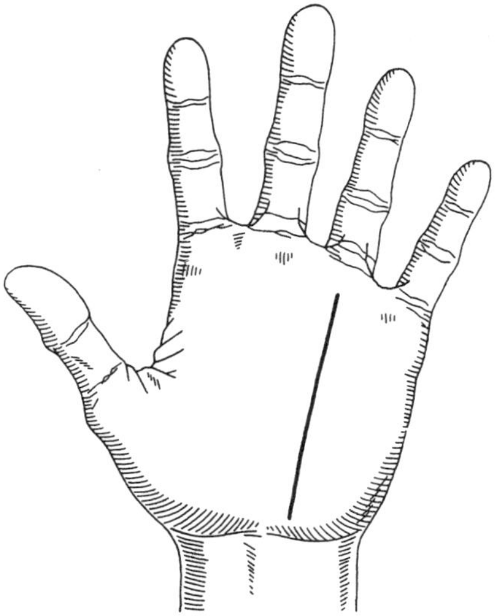

Diese Linie entspringt entweder in der Handfläche oder der Handwurzel und läuft nach oben zum Sonnenberg.

Sie wird oft auch als positive Stütze der Schicksalslinie angesehen. In ihr liegt unter anderem Glück im Leben und Liebe zur Kunst.

Todesgürtel:

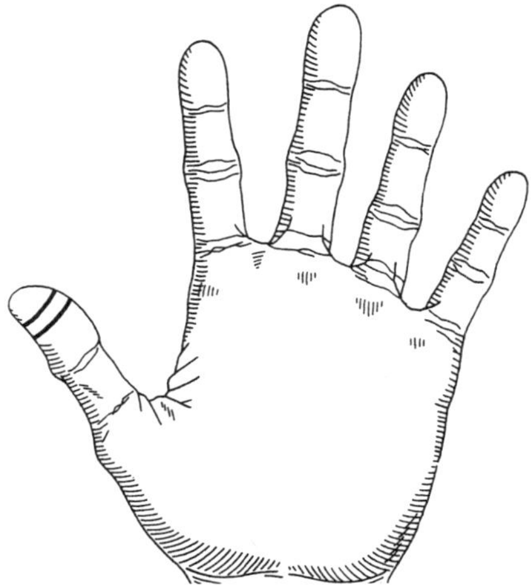

Dieser Gürtel wird von zwei starken Linien zwischen dem obersten und zweiten Daumenglied gebildet und ist sehr selten in einer Hand zu finden.

Venus:

Ursprünglich italische Frühlings- und Gartengöttin, später der griechischen Aphrodite gleichgesetzt als Göttin der Liebe und der Schönheit.

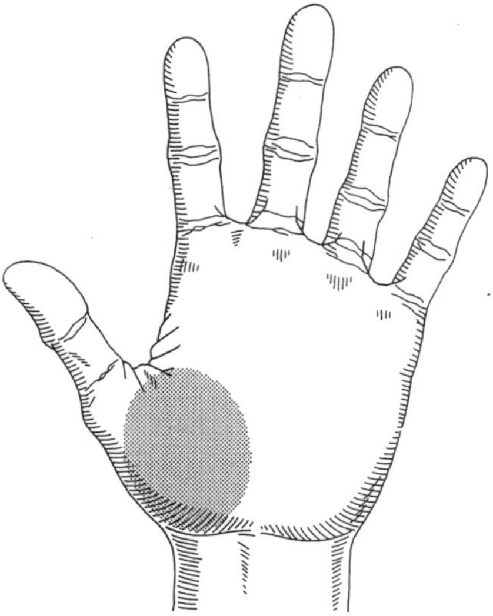

Venusberg:

An der Einmündung des Daumens in die Hand, bzw. an der Daumenwurzel, befindet sich der Venusberg. Er ist aufschlussreich für das Liebesleben und die Leidenschaft.

Venusgürtel:

Der Venusgürtel ist eine halbreisförmige Linie, die zwischen Jupiter- und Saturnberg entspringt und zwischen Ring- und Kleinfinger endet. Man findet ihn nicht in allen Händen.

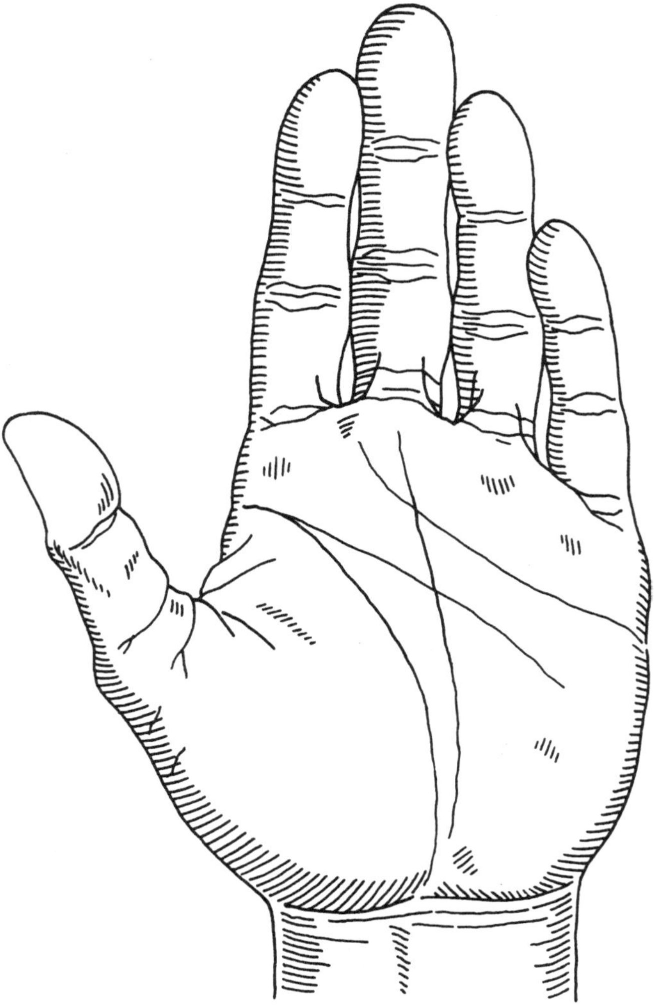

Was Adolphe Desbarolles über astrale Einflüsse, sonderbare Anziehungskräfte und positive und negative Ströme in seinem Buch: „Die Hand und ihre Geheimnisse" im letzten Jahrhundert geschrieben hat:

„Es ist nunmehr zweckmäßig, auf die Haupteinwände einzugehen, die uns von den Gegnern der Astrologie gemacht werden. Die Materialisten, diese sogenannten praktischen Menschen, empören sich darüber, dass wir bei unserer Arbeit Sternennamen verwenden.

Sie wollen noch, streng genommen, zugeben, dass die Körperformen in Beziehung zu den Naturtrieben stehen, und dass man durch sie mit Hilfe ernsten Studiums und großen Scharfsinns die hervorstechendsten Züge des menschlichen Charakters deuten kann, nach ihrer Meinung ein Zeichen von mehr oder weniger geschickten Kombinationen, die auf der Physiologie fußen. Aber vom Einfluss der Sterne wollen sie nichts hören und noch weniger von Sternbezeichnungen.

Wenn es sein muss, wollen sie lieber, von Tatschen überführt, eine übermenschliche Intelligenz zugeben als in dieser Beziehung die geringste Konzession zu machen. Die Sterne haben eben keinen Einfluss auf die Erde, und gehören nicht zu ihrem Bereich.

Wir wollen aber versuchen, in kurzen Worten einen Beweis für diesen Einfluss zu finden.

Hat die Sonne Einfluss auf die Erde? Ja, bestimmt. Und der Mond? Sein Einfluss auf Ebbe und Flut, auf die Menstruation, auf Mondsüchtige, Metalle und Glas und anderes wurde zwar lang bestritten, aber vor kurzem, gerade im Augenblick, wo man am hartnäckigsten die Wärme des Mondes bestritt, erfindet ein italienischer Chemiker ein - man muss schon sagen - besonders empfindliches Instrument, das auf eine unbestreitbare Art beweist, dass der Mond Wärme auf die Erde schickt. Also hat auch der Mond Einfluss auf unsere Erdkugel.

Wenn nun der Einfluss von Sonne und Mond zugegeben werden muss, warum sollten dann nicht auch die anderen hauptsächlichsten Planeten, die in Beziehung zu unserer Erde stehen, einen Einfluss auf sie ausüben?

Wir wollen hierüber ein bisschen nachdenken. Das Licht enthält, wie selbst die Akademie anerkennen musste, Magnetismus und Elektrizität. Daraus folgt, dass notwendigerweise dort, wo Licht ist, auch Elektrizität und Magnetismus sein müssen. Wenn wir durch unser Sehen in Lichtverbindung mit den Sternen stehen, sind wir mit ihnen auch in elektrischer und magnetischer Verbindung. Das ist nicht zu leugnen.

Bis zum Beweis des Gegenteils, den man uns schwerlich bringen wird, behaupten wir, dass die Alten mit ihrer Annahme des mächtigen Gestirneinflusses auf die Erde nicht ganz unrecht hatten.

Paracelsus geht noch weiter und hat darin vielleicht recht. Er nimmt an, dass alle Sterne in direkter Verbindung zur Erde stehen und es unter ihnen Gestirne gibt, die erst dann sichtbar werden und für die Erde leuchten, wenn auf unserer Erdkugel eine Gegenwirkung entsteht, eben durch diesen Einfluss, durch die Ausstrahlung dieses Sternes verursacht. Übrigens sind wir gar nicht starrköpfig und lassen uns gern belehren.

Man erkläre uns nur deutlich, auf Grund natürlicher Verbindungen, die harmonische Übereinstimmung dieser oder jener Körperform, dieser oder jener Handlinie mit den Naturtrieben, mit denen diese Form, diese Linie in Verbindung steht, was zusammengefasst das Alphabet unserer „astralen Vorlesungen" ausmacht, und wir sind bereit, dieses System anzunehmen.

Bis uns keine stichhaltigen Gegenbeweise erbracht werden, bleiben wir bei unserer schon durch ihr Alter ehrwürdigen Tradition, deren Ursprung sich in der Nacht der Vergangenheit verliert und deren Entstehen vor der Sintflut anzunehmen ist.

Sie ist auch deshalb beachtenswert, weil sie von großen Männern des Altertums und Mittelalters gutgeheißen wurde.

Wir lassen uns auch nicht den Glauben nehmen, dass sich Medizin und Astronomie einem wirklichen Fortschritt entziehen, wenn sie nicht den Einfluss der Sterne zugeben.

Aber die Zeit geht vorwärts und wird sie beide mit sich reißen, und der Fortschritt wird ganz von allein kommen. Eines Tages wird ein Mann berühmt, weil er der Wissenschaft das unendliche Gebiet der Harmonien und Übereinstimmungen in der ganzen Natur, der Harmonien und Übereinstimmungen im Himmel, auf der Erde und in ihren drei Reichen eröffnet.

Ganz kürzlich hat man uns von einem jungen Mediziner, Octave de Scelles aus Montdesert, erzählt, der Gicht durch Verwendung saturniner Pflanzen zu heilen vermochte, und auch die Medizin versucht augenblicklich, die Elektrizität, das Licht, die Quelle des Lebens, das große magische Agens der Alten als Heilmittel zu verwenden.

Suchten nicht die alten Alchemisten in ähnlicher Absicht, getrieben von unbestimmten Vorahnungen eines erst von der Zukunft zu erbringenden Ergebnisses, in der Elektrizität, die sie Seele der Welt nannten, dieses universelle Wundermittel, den sogenannten Stein der Weisen, der ihnen als materielles Gold Reichtum und als Gold des Lebens Gesundheit geben sollte?

Suchten sie nicht in der Weltseele die Verbindung mit einer anderen Welt, die vielleicht jetzt, wenn auch noch unvollkommen, durch den Magnetismus ermöglicht wird, die aber immer gefährlich ist, weil ihr der Wahnwitz innewohnt? Bedeutet nicht die Elektrizität in ihrer jetzigen Verwendung den Stein der Weisen?

Vielleicht kann sie zur Herstellung von Gold führen, wenn das Gold - nicht als Metall, sondern als Geld - seinen überlegenen Wert durch Überfluss und Verschwendung verloren hat. Sicher aber wird sie eines Tages Heilung aller Krankheiten bringen, denn die Elektrizität ist das Leben der Natur.

Ist es nicht eine elektrische Störung, die Gewitter herbeiführt, eine elektrische Störung, die die Gesundheit erschüttert? Geschehen nicht Wunder durch elektrische Behandlungen? Paralytiker sind nach 14 Tagen vollkommen geheilt, Menschen, die auf Krücken gingen, können 8 Tage später ohne Stöcke gehen.

Alles wäre möglich, wenn man eines Tages die Elektrizität, je nach Veranlagung des einzelnen, also auf die Bedürfnisse, Notwendigkeiten und Harmonie jeder Persönlichkeit abgestellt, in vernünftiger Verteilung anwendet, hierfür die Sternsignaturen zu Rate zieht und die elektrischen Schwingungen von Gold, Zinn, Kupfer, Eisen oder Silber für Krankheiten der Sonne, des Jupiters, der Venus, des Mars oder Mondes verwendet?

Wir wissen wohl: Heute rufen diese Gedanken eine Lächeln hervor, aber wir erheben uns über die jetzige Zeit, um in die Zukunft zu schauen.

Wenn wir den Chemikern Glauben schenken, gibt es keine Pflanze, die nicht in sich positive und negative Ströme vereinigt.

Und da alles in der Natur harmonisch ist, behauptet Dr. Reichenbach in seinen „Odisch-magnetischen Briefen“, dass im menschlichen Körper, empfindsamen Naturen sichtbar, zwei Ströme eingeschlossen sind.

Ihm zufolge ist die linke Seite des Menschen mit positiver, die rechte mit negativer Elektrizität geladen.

Die Empfindsamen, wie er übernervöse Menschen nennt, die nach mehr oder weniger langem Aufenthalt im Dunkeln Erscheinungen wahrzunehmen vermögen, sehen aus Händen und Füßen der Menschen ein Licht austreten, das auf der rechten (positiven) Seite rötlichgelb, auf der linken (negativen) Seite blau gefärbt ist.

Für diese empfindsamen Menschen sind auch die Pflanzen von der Wurzel bis zu den Blättern denselben Gesetzen unterworfen.

Neben diesen Beobachtungen beweist Reichenbach noch einmal durch seine zahlreichen Versuche die unbestreitbare und seit langem bewiesene Tatsache der Abstoßung des Ähnlichen und Anziehung des Entgegensetzen und behauptet, dass beim Mann der positive Strom, bei der Frau der negative Strom vorherrscht.

Diese Gedanken sind sicher sonderbar, doch sie stimmen mit dem Weltgesetz überein, wie es uns täglich die Natur zeigt.“

Anmerk: Paracelsus (Theophrast von Hohenheim) etwa 1493 - 1541. Arzt, Naturforscher und Philosoph. Viele medizinische Erfindungen werden ihm zugeschrieben.

Reichenbach, Karl Freiherr von , 1788-1869. Schwäbischer Chemiker und Entdecker des Od. Das Wort Od stammt aus dem Sanskrit und bezeichnet eine Weltkraft, die dem Magnetismus, der Wärme und der Elektrizität ähnlich ist. Bei der Wünschelrute und beim Tischrücken soll sie sich bemerkbar machen.

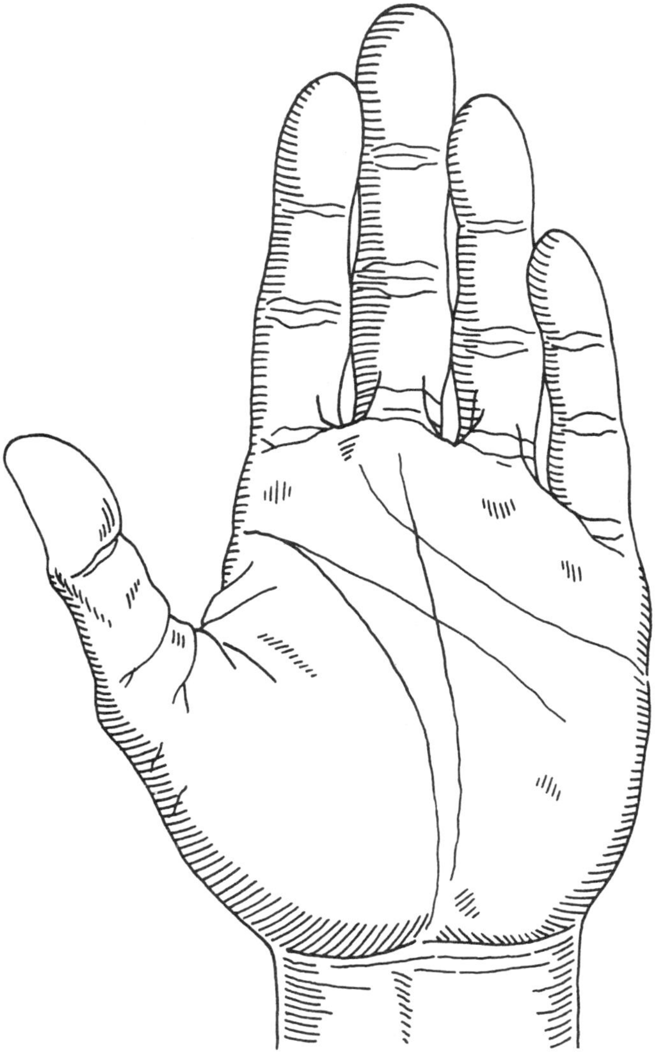

Auszug aus dem Buch: „ Die Hand und ihre Geheimnisse" von Adolphe Desbarolles.

Chiromantie

Zu allen Zeiten wurde die Hand als ein Symbol der Kraft und Stärke angesehen. Vergil benutzt das Wort manus, um die bewaffnete Truppe, die Krieger zu bezeichnen.

Hic manus ob patriam pugnando vulnera passi.

(Siehe hier diese tapferen Krieger, die im Kampf für das Vaterland verwundet wurden.)...

...Die Hand ist ein Pantakel. Pantakel kommt von Pantaculum (das alle Dinge enthält)

Die Natur ist ein Pentakel; das Weltall ist ein Pantakel; der Mensch die Zusammenfassung des Weltalls, da er eine kleine Welt, ein Mikrokosmos ist. Die Hand ist die Zusammenfassung des Menschen, der ihr handelnder Makrokosmos ist.

Nun sind die Analogien zwischen Gedanken und Formen von Stufe zu Stufe genau die gleichen, vom Großen zum Kleinen, von der Natur zum Weltall, vom Weltall zum Menschen, vom Menschen zur Hand und deshalb enthält diese nach den Aussprüchen der Gnostiker ebenso gut wie das Weltall die

Schriftzeichen des Weltwissens. Da die Hand das Pantakel des Weltalls ist, da das menschliche Geschick der Weltharmonie Schicksalsmässig entspricht, muss die Hand die Zeichen dieser Harmonie tragen, zu der sie gehört.

Wie diese Kraft oder jener Einfluss der Natur diesem oder jenem anderen Einfluss überlegen ist, so kann in der Hand ein gewisses Zeichen, das in starker Verbindung mit einem bestimmten Planeten steht, ein anderes beherrschen, das sich mit einem anderen Planeten in einer weniger lebendigen Beziehung befindet. Man kann zweifellos einwenden, dass die Planeten seit langem die Siebenzahl überschritten haben, und dass man noch immer neue entdeckt. Darauf können wir nur antworten, dass die Mühe, mit der sie entdeckt werden, ein Zeichen ihrer durch große Entfernung oder Kleinheit verursachten Unscheinbarkeit ist und sie deshalb nur einen sekundären Einfluss ausüben können.

Merkur, Venus, Mars, Jupiter, Saturn bleiben immer die wichtigsten Planeten. Uranus verliert durch seine Riesenentfernung von der Sonne seinen Einfluss auf uns. Was Vesta, Juno, Ceres, Pallas angeht, die so klein sind, dass man sie für Trümmer zerschmetterter Planeten hält, so wird ihr Einfluss, sollten sie überhaupt einen ausüben, durch den uns umgebenden, viel wichtigeren Himmelskörper gegenüber der Anziehungskraft eines Riesen wahrzunehmen sein? Der Mond übt trotz seiner Kleinheit dank seiner Nähe die lebendigste Wirkung auf uns aus. Die Kraft der Sonne wird keiner bezweifeln.

Bis man uns nicht deutlich gezeigt hat, dass der Mond keinen Einfluss auf Ebbe und Flut unserer Erde und auf nervöse Menschen ausübt, die der gesunde Menschenverstand allgemein „Mondsüchtige“ nennt, bestehen wir auf unserer Überzeugung. Wenn aber der Mond Einfluss ausübt, tun es die anderen Sterne auch.

In der Hand findet man: die Dreizahl in den drei Welten des Daumens dargestellt, das Kreuz durch die Vierzahl die vier Finger angezeigt, die Zwölf in der Vier durch die vier großen in zwölf Glieder geteilten Finger.

Alles, was sich in der Zeit erfüllt, wird durch die Zahl zwölf bezeichnet: Zwölf Monate im Jahr, zwölf Stunden am Tag, vier Zeitabschnitte im Leben, Vier Jahreszeiten im Jahr. Viermal die heilige Zahl Drei gibt Zwölf.

Man findet auch die Sieben in der Hand: in den sieben von den Bergen dargestellten Planeten. Wie wir sahen, wird jeder Finger der Hand in drei Welten eingeteilt. Dies muss auch bei der Handfläche der Fall sein, denn die Handfläche hat weit mehr Bedeutung als die Finger, die sich ihr angliedern und ihr gleichsam als Kanäle die Ströme des Himmelskörpers zuführen.

Von den Fingern kann allein der Daumen seine eigene Hand bestreichen. Er ist ihr König, da er Wille, Logik und Liebe, die Quellen des Lebens vereinigt.

Wie wir sahen, widmeten die Alten den Daumen Mars und Venus. So verstanden, umfasst er das ganze Leben: die Liebe und den Kampf. Und die Natur zeigt dies in analoger Form, indem sie den ersten Liebeskampf mit Blut befleckt.

In der Handfläche befindet ich an jeder Fingerwurzel ein kleiner Berg. Jeder Berg entspricht einem Planeten, von dem er günstig oder ungünstig beeinflusst wird, je nachdem er mehr oder weniger stark entwickelt ist, oder die Zeichen, die sich auf ihm befinden, mehr oder weniger glücklich sind.

Der Daumen stellt die Schöpfung dar. Nicht aus einer Laune der Natur heraus, sondern nach weisen Analogiegesetzen erinnert er in seiner Form an das kabbalistische Jod, den Phallus der Alten. So vereinigt nur er, wie gesagt: Zeugung, Vernunft und Verwirklichung oder Willen (was in der Magie dasselbe ist).

Der Daumen ist also Leben und Sein; er ist der Mensch, der ganz allein dasteht, umgeben von den Einflüssen, aus denen er sein Wohl und Weh durch die Richtung schafft, die er seinem Verstand und Willen gibt.

Die ihn umgebenden Einflüsse, die er nutzbar machen oder bekämpfen soll, sind edler Ehrgeiz oder wahnsinniger Stolz: Jupiter; das gute oder böse Fatum: Saturn; Liebe zu Kunst oder Reichtum: Apollo; List oder wissenschaftliches Studium: Merkur; Selbstbeherrschung oder Grausamkeit: Mars; Fantasie, Wahn-

sinn: Mond; Liebe, Ausschweifung: Venus. Liegen diese Berge richtig an ihrem Platz, ebenmäßig und voll, so vermitteln sie die Eigenschaften, die den dargestellten Planeten angehören.

Treten die Berge in den Händen wenig hervor, so lassen sie auf den Mangel dieser Eigenschaften schließen.

Werden die Berge von Höhlen ersetzt, ergeben sie die Fehler, die den Eigenschaften entsprechen. Sind sie von ihrem Platz verschoben, haben sie Teil an den Fehlern oder Fähigkeiten der Berge, denen sie sich zuneigen.

Die übermäßige Fülle eines Berges zeigt Übertreibung seiner Eigenschaften an, was immer fehlerhaft ist."

Quellennachweise und weiterführende Literatur:

Dr. Aureus, Wolfgang:
„Charakterkunde für alle“ 1978

Desbarolles, Adolphe:
„Die Hand und Ihre Geheimnisse“
Originaltitel:„ Les Mystères de la Main“.

Gerhart, Helmut:
„Das 1 x 1 der Handlesekunst“ 1995

Lawrance, Myrah:
„Handanalyse - Eine Methode, um sich und andere zu erkennen“ 1978

Von Mangoldt, Ursula:
„Das große Buch der Handlesekunst“ 1991

Handlinien im Überblick

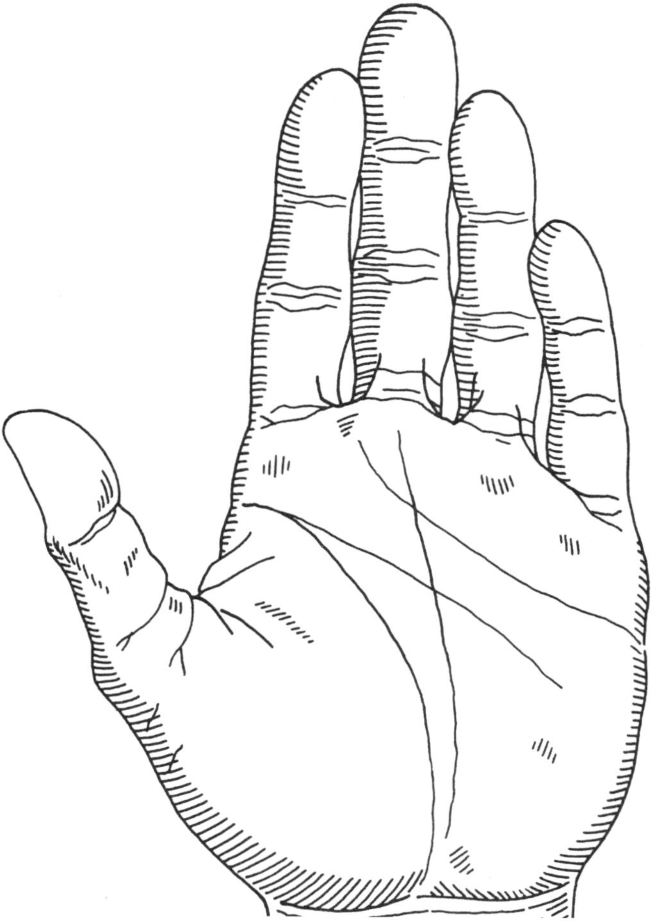

Die vier Hauptlinien

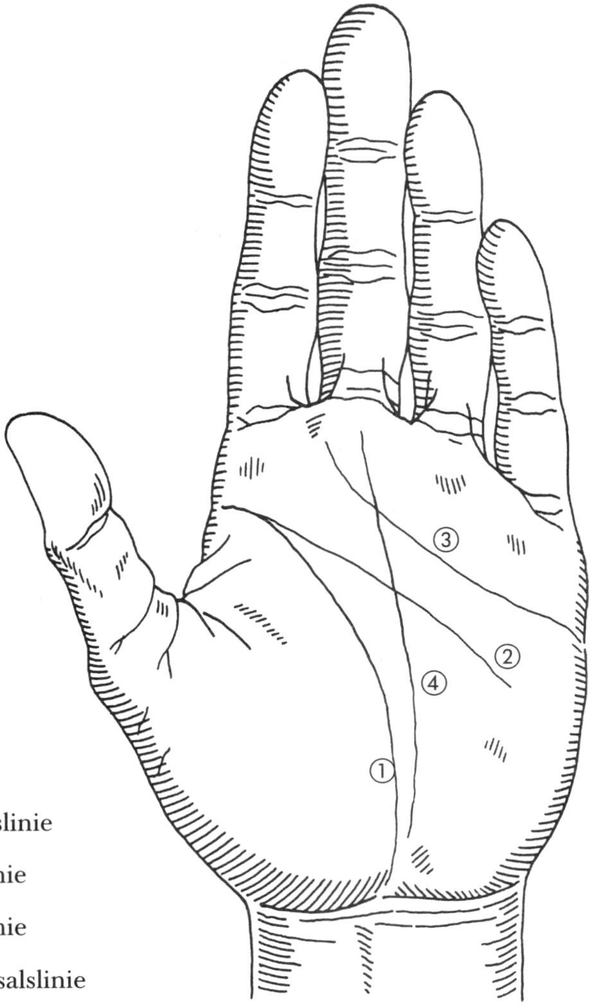

① Lebenslinie

② Kopflinie

③ Herzlinie

④ Schicksalslinie

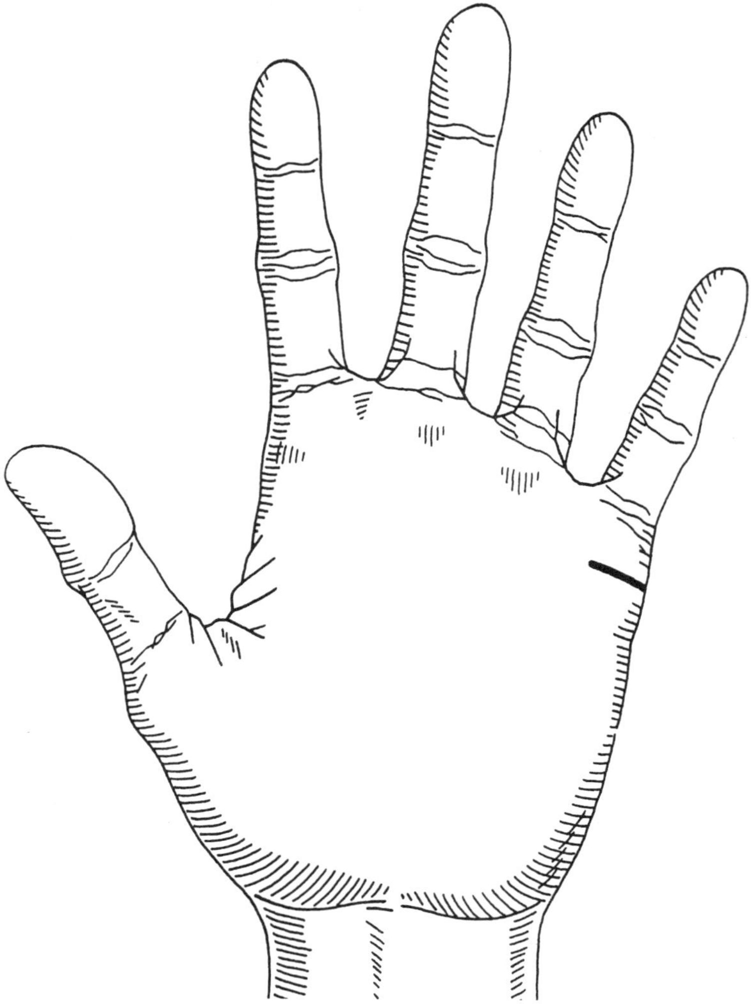

Heiratslinie

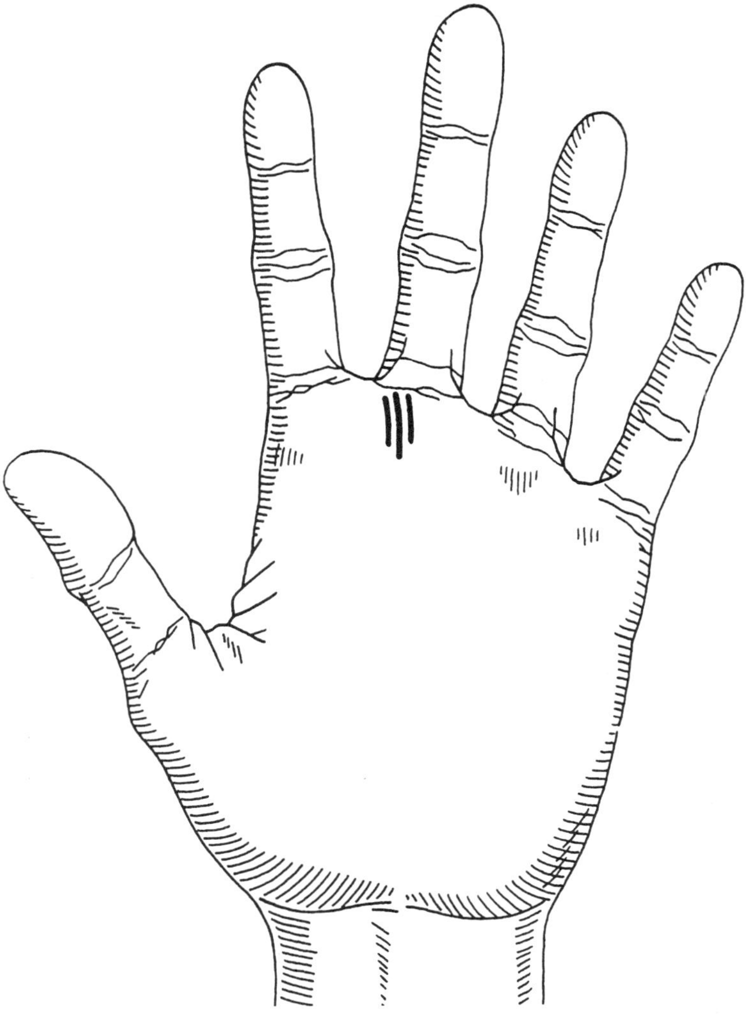

Finanzlinien

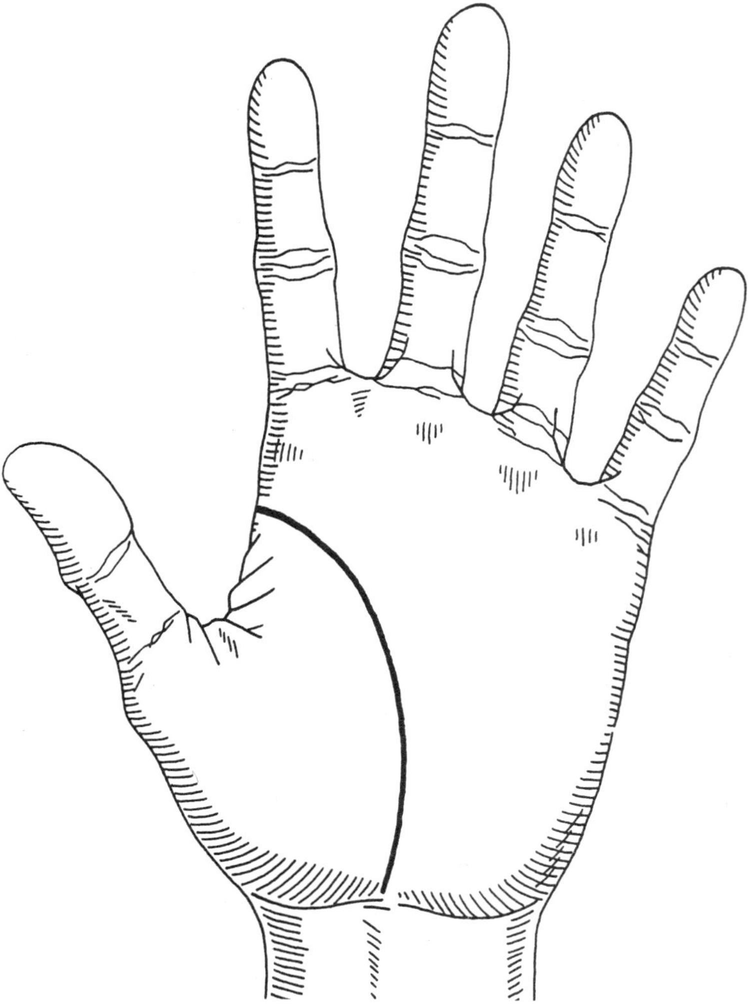

Lebenslinie

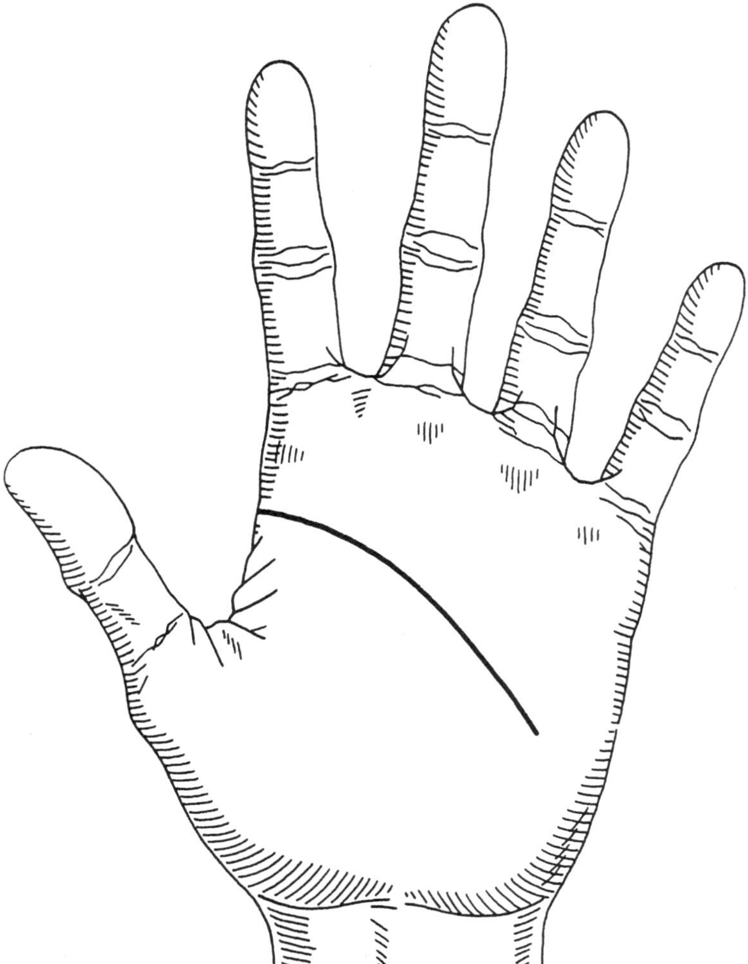

Kopflinie

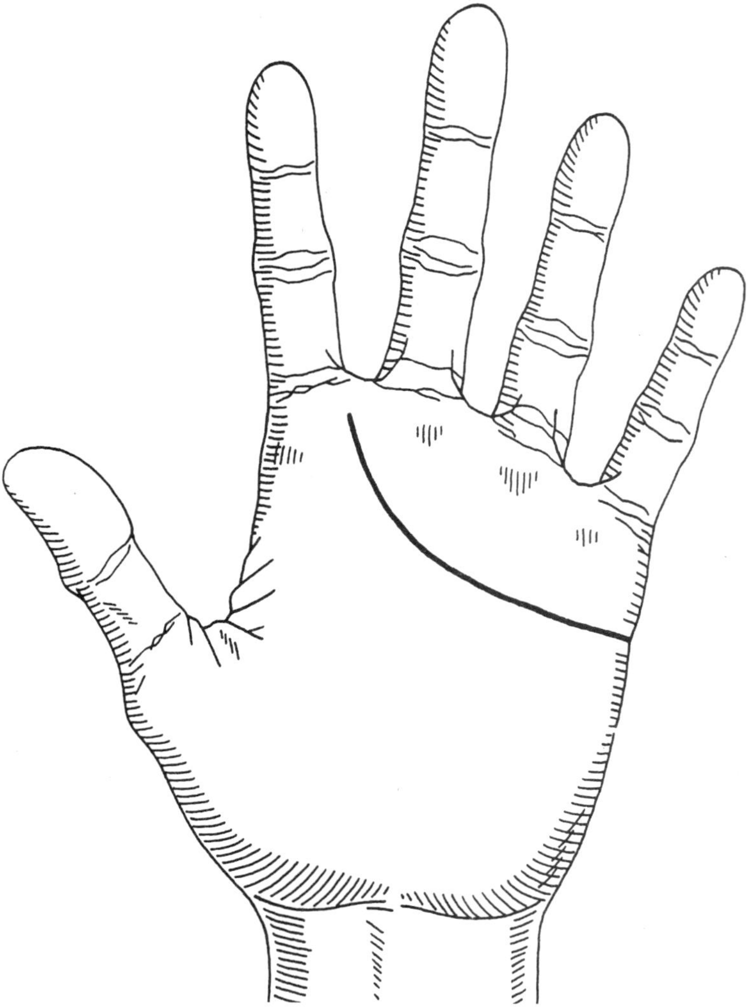

Herzlinie

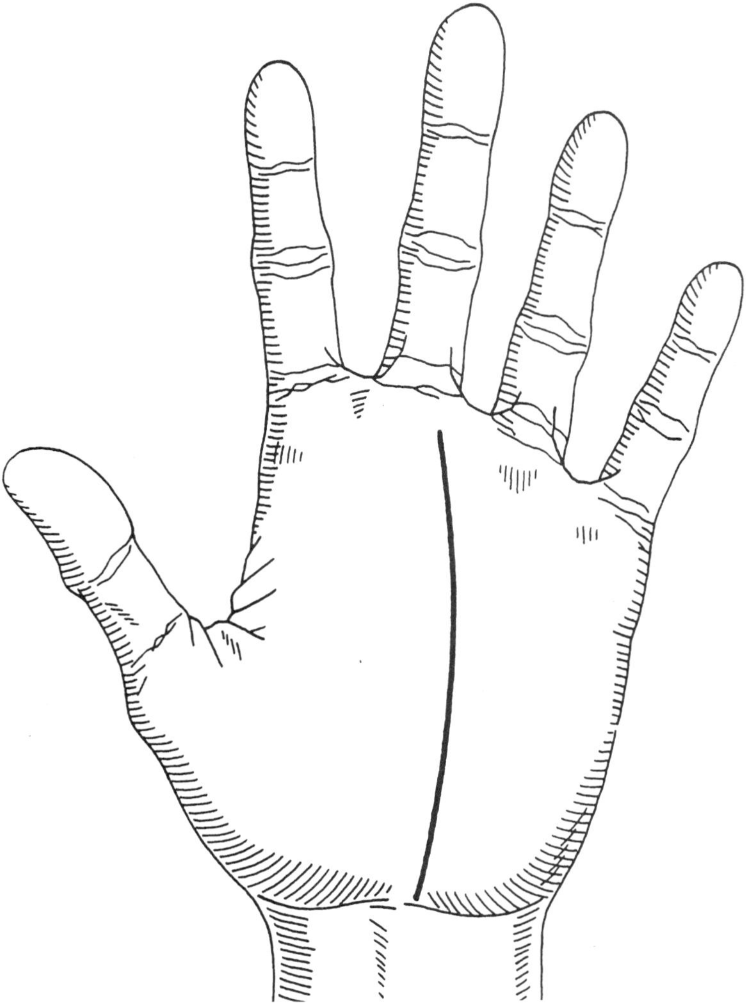

Schicksalslinie

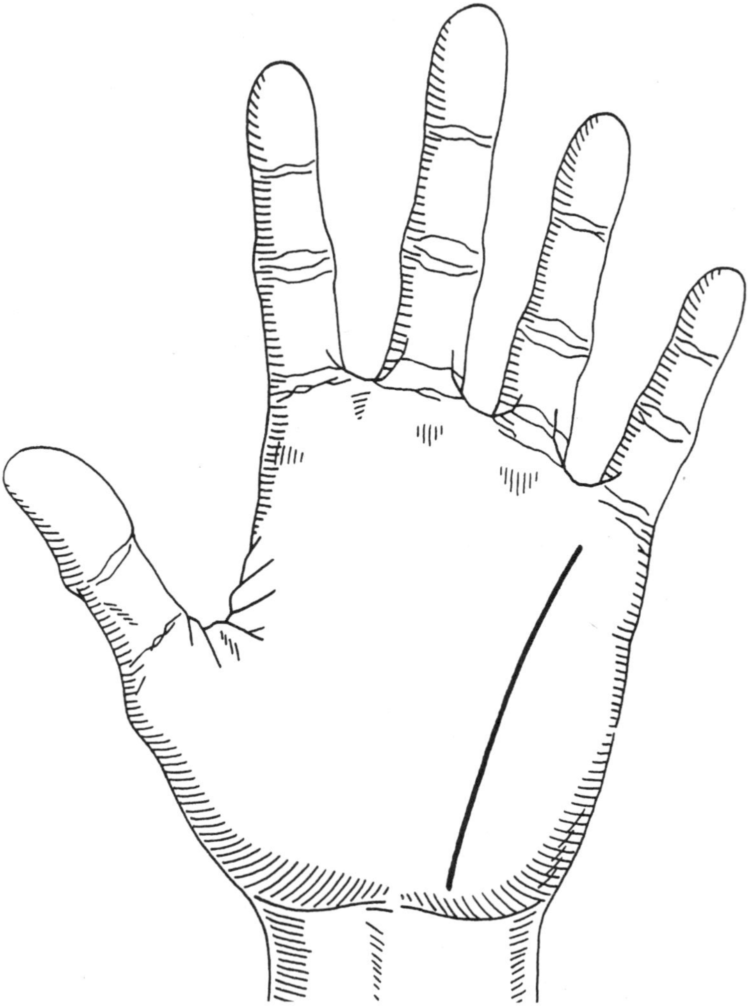

Gesundheitslinie

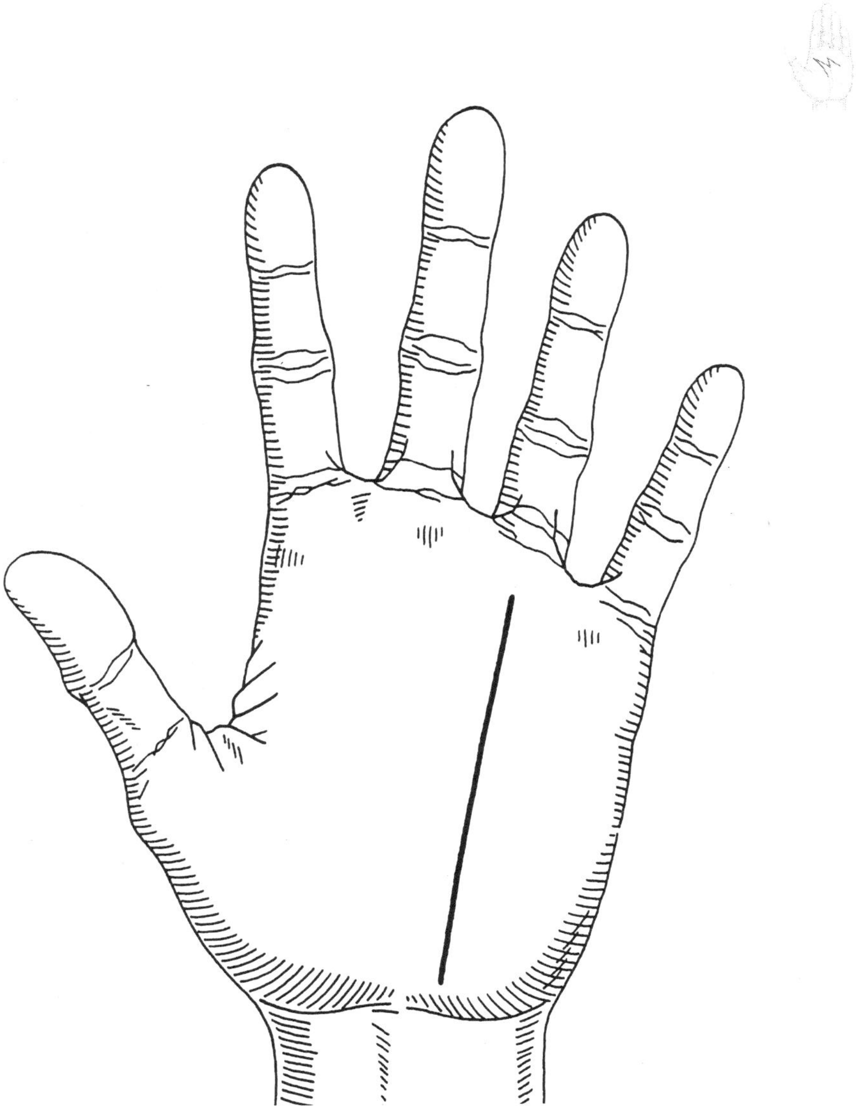

Sonnenlinie

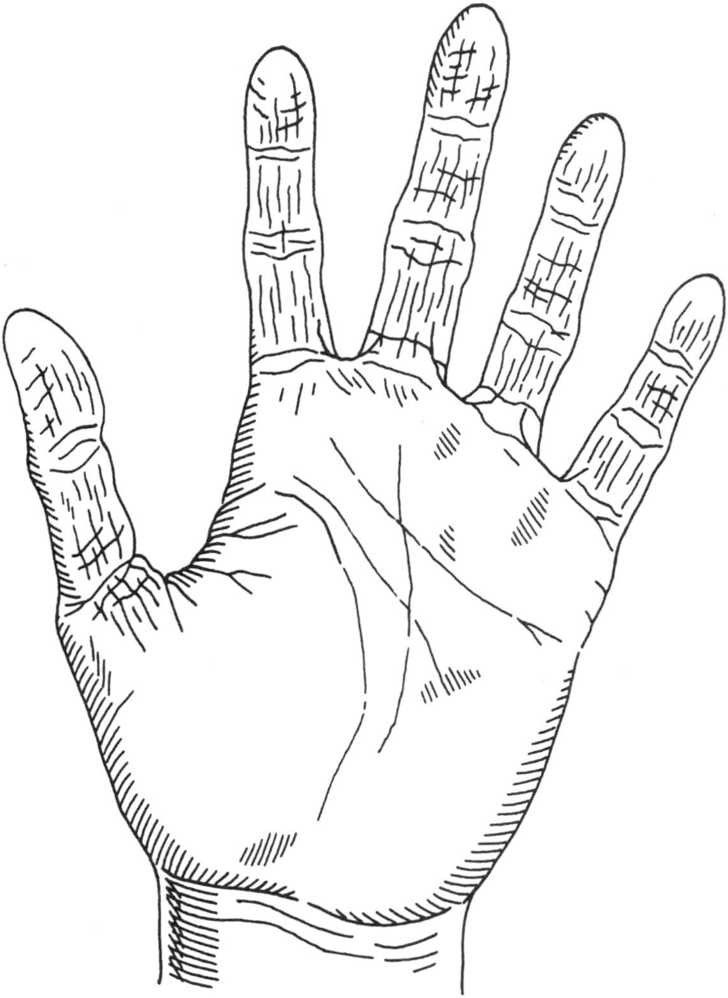

Fingerlinien

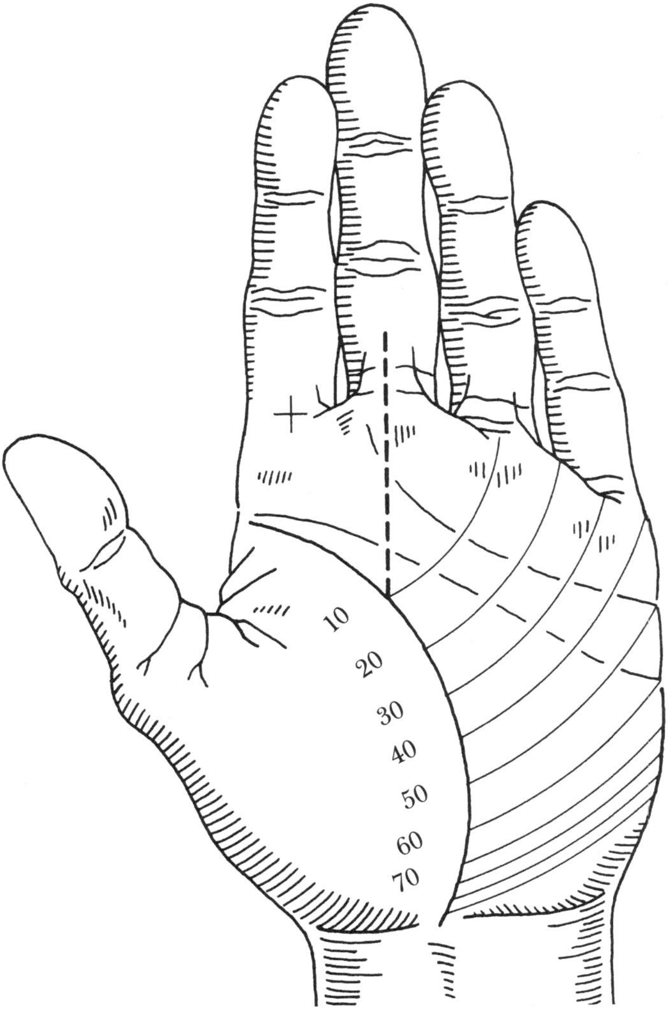

Einteilung der Lebenslinie nach Desbarollos

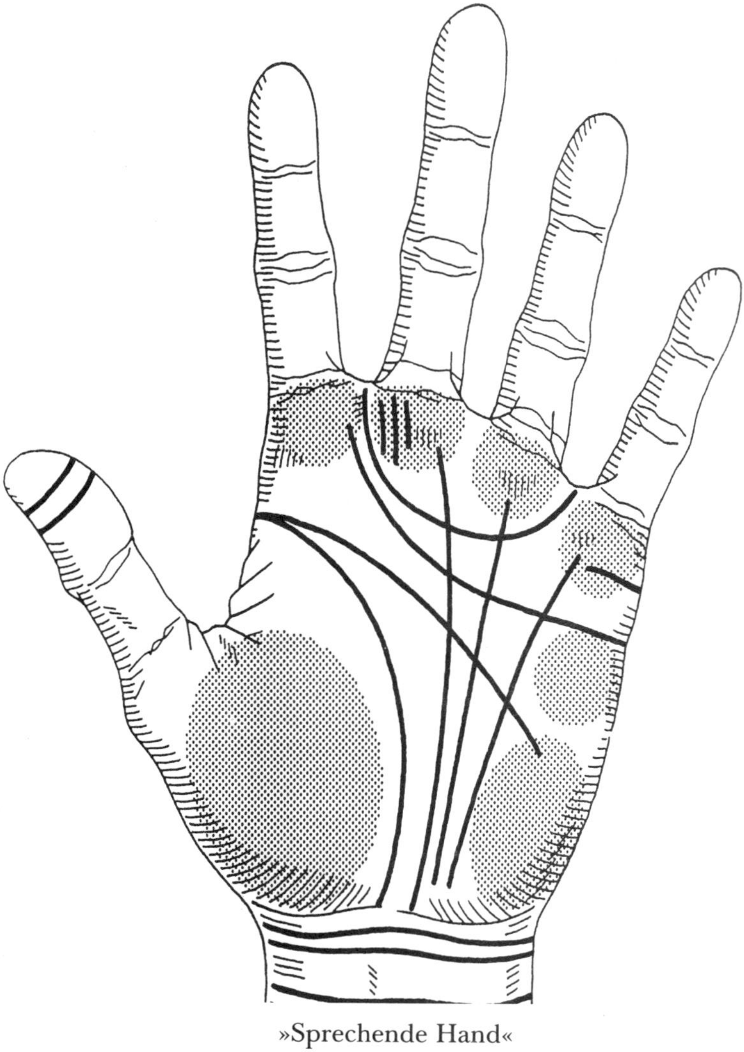

»Sprechende Hand«